Der Arbeitsmarkt für Betriebswirte

Hergen Riedel · Ralf Wettlaufer
Dunja Reulein · Elke Pohl

Der Arbeitsmarkt für Betriebswirte

Aktuelle Perspektiven und Einstiegschancen

Hergen Riedel
Steinkirchen, Deutschland

Ralf Wettlaufer
Wilnsdorf, Deutschland

Dunja Reulein
München, Deutschland

Elke Pohl
Berlin, Deutschland

ISBN 978-3-658-03745-1 ISBN 978-3-658-03746-8 (eBook)
DOI 10.1007/978-3-658-03746-8

Die Deutsche Nationalbibliothek verzeichnet diese Publikation in der Deutschen Nationalbibliografie; detaillierte bibliografische Daten sind im Internet über http://dnb.d-nb.de abrufbar.

Springer Gabler
© Springer Fachmedien Wiesbaden 2014
Das Werk einschließlich aller seiner Teile ist urheberrechtlich geschützt. Jede Verwertung, die nicht ausdrücklich vom Urheberrechtsgesetz zugelassen ist, bedarf der vorherigen Zustimmung des Verlags. Das gilt insbesondere für Vervielfältigungen, Bearbeitungen, Übersetzungen, Mikroverfilmungen und die Einspeicherung und Verarbeitung in elektronischen Systemen.

Die Wiedergabe von Gebrauchsnamen, Handelsnamen, Warenbezeichnungen usw. in diesem Werk berechtigt auch ohne besondere Kennzeichnung nicht zu der Annahme, dass solche Namen im Sinne der Warenzeichen- und Markenschutz-Gesetzgebung als frei zu betrachten wären und daher von jedermann benutzt werden dürften.

Lektorat: Irene Buttkus, Imke Sander

Gedruckt auf säurefreiem und chlorfrei gebleichtem Papier

Springer Gabler ist eine Marke von Springer DE. Springer DE ist Teil der Fachverlagsgruppe Springer Science+Business Media
www.springer-gabler.de

Liebe Leserinnen und Leser,

Finanzkrise? Schnee von gestern! Wirtschaftsflaute? Nicht bei uns! Konjunktur? Brummt! Wer nach Berufsaussichten für Wirtschaftswissenschaftler fragt, sollte die durchaus positive konjunkturelle Lage jedoch auch in Relation sehen, denn: In 2012 strebten über 100.000 Studenten und Studentinnen nach Bachelor- oder Masterabschluss und damit war Betriebswirtschaftslehre das beliebteste Studienfach in Deutschland. Die Konkurrenz ist also groß. Der Bedarf an BWLern scheint aber mindestens ebenso groß zu sein.

In einem Ranking von freien Stellen in 2012 lag das Verhältnis der vakanten Positionen für Wirtschaftswissenschaftler zu denen für Ingenieure bei 3 zu 2 und sogar bei 4 zu 1 zu denen für Informatiker. Insbesondere die Gehälter sind für BWLer attraktiv. In einer Hitliste der Berufe mit den Top-Einstiegsgehältern finden sich sieben WiWi-Jobs, zum Beispiel in den Bereichen Mergers & Acquisitions, Corporate Finance, Fondsmanagement, Wertpapierhandel oder Versicherungsmathematik.

Neben der Finance-Branche sind aber auch Pharma, Reise oder Automobil für BWLer attraktiv. Ihre Einsatzbereiche sind vielfältig; sie finden ebenso einen Schreibtisch in kleinen Familienunternehmen wie im Mittelstand oder ganz luftigen Etagen großer Konzerne.

Wer nun nicht gleich Chef, sondern zunächst Trainee werden will, gerät jedoch auch schnell in die Zwickmühle: (Studien-) Berater sehen insgesamt gute Chancen am Arbeitsmarkt für WiWis, gerade weil sie universell einsetzbar sind. Auf der anderen Seite raten Personaler aber auch dazu, sich früh zu spezialisieren und nicht auf die Multifunktionalität bestehend aus Controlling, Marketing, Vertrieb, Personal, Rechnungswesen und Beschaffung zu setzen. Also: Spezialisierung ist gut, aber ohne Tunnelblick. In rund 70 Prozent aller WiWi-Jobs geht es um diese klassischen Disziplinen. Wer hier fit ist, kann sich im Arbeitsmarkt sicher wägen.

Viel Erfolg für Ihre weitere berufliche Laufbahn wünscht Ihnen

Ihr Dr. Hergen H. Riedel

Inhalt

Vorwort ... V

Der Blick auf den Arbeitsmarkt ... 1

1. Der Arbeitsmarkt für Betriebswirte ... 3
2. Top-Arbeitgeber – Wer sind die besten? ... 8
2.1 Graduate Barometer Deutschland ... 8
2.2 Arbeitgeberranking von WirtschaftsWoche und Universum ... 9
2.3 Great Place to Work: So urteilen die Mitarbeiter ... 10
3. Der Einstieg in den Beruf ... 13
3.1 Der Einstieg als Trainee ... 13
3.2 Der Sprung ins kalte Wasser: Training-on-the-Job ... 15
3.3 Der Einstieg als Assistent der Geschäftsleitung ... 15
3.4 Der direkte Einstieg ... 16

Special Finanzdienstleistungssektor: attraktiv trotz Krise ... 17

1. Neue Tätigkeitsfelder in der FDL-Branche ... 17
2. Banken ... 20
3. Versicherungen ... 23
4. Weitere Finanzdienstleistungen ... 25

---

4. Arbeitsmarkt und Branchenübersicht ... 27
4.1 Automotive ... 30
4.2 Bauwirtschaft ... 32
4.3 Chemische Industrie ... 34
4.4 Elektroindustrie ... 36

Special Handel: vielseitige Branche ... 38

1. Digitale Vertriebskanäle und ihre Auswirkungen ... 38
2. Anforderungen und Berufschancen ... 39
3. Nichts geht ohne Sprachen und Soft Skills ... 41
4. Einstiegsmöglichkeiten ... 41

4.5	Energiewirtschaft	42
4.6	Informationstechnologie und Telekommunikation (ITK)	44
4.7	Logistik	47
4.8	Maschinenbau	48
4.9	Medien	49
4.10	Metallgewerbe	51
4.11	Nahrungs- und Genussmittel	52
4.12	Öffentlicher Dienst	53
4.13	Pharmaindustrie	55
4.14	Textil- und Bekleidungsindustrie	57
4.15	Touristik	57
4.16	Personal- und Unternehmensberatung	59
4.17	Werbewirtschaft, PR und Marktforschung	60
4.18	Wirtschaftsprüfung und Steuerberatung	62

Special Unternehmensberatung: gute Karriereaussichten — 65

1. **Die Branche** — 65
2. **Beratungsfelder und Klienten** — 67
3. **Berufseinstieg** — 69

5	Existenzgründung	73
5.1	Gründungstrends	73
5.2	Erste Schritte zur Orientierung	74
5.3	Die Planung der Selbstständigkeit	76
5.4	Der Start in die Selbstständigkeit	81
5.5	Existenzgründung aus der Arbeitslosigkeit heraus	82
5.6	Checklisten und Entscheidungshilfen	83

Über die Autoren — 86

Lizenz zum Wissen.

Sichern Sie sich umfassendes Wirtschaftswissen mit Sofortzugriff auf tausende Fachbücher und Fachzeitschriften aus den Bereichen: Management, Finance & Controlling, Business IT, Marketing, Public Relations, Vertrieb und Banking.

Exklusiv für Leser von Springer-Fachbüchern: Testen Sie Springer für Professionals 30 Tage unverbindlich. Nutzen Sie dazu im Bestellverlauf Ihren persönlichen Aktionscode **C0005407** auf *www.springerprofessional.de/buchkunden/*

Springer für Professionals.
Digitale Fachbibliothek. Themen-Scout. Knowledge-Manager.

- Zugriff auf tausende von Fachbüchern und Fachzeitschriften
- Selektion, Komprimierung und Verknüpfung relevanter Themen durch Fachredaktionen
- Tools zur persönlichen Wissensorganisation und Vernetzung

www.entschieden-intelligenter.de

Jetzt 30 Tage testen!

Springer für Professionals

DER BLICK AUF DEN ARBEITSMARKT

Die deutsche Wirtschaft hat bis Anfang 2013 die Krise der vergangenen Jahre gut überwunden: Nach der Finanzkrise 2009 stürzte die Wirtschaft mit knapp sechs Prozent ein, danach folgten „fette" Jahre mit drei und knapp vier Prozent Wachstum. Seither kämpft die deutsche Wirtschaft mit einer drohenden Rezession. So haben die Wirtschaftsgutachten der führenden deutschen Wirtschaftsinstitute in ihren Herbstgutachten für das Jahr 2013 ein Wachstum von einem Prozent prognostiziert. Dies war optimistisch geschätzt im Vergleich zum Jahresgutachten anderer Institute.

Der Internationale Währungsfonds (IWF) rechnet für das laufende Jahr mit einer Wachstumsschwäche, auch wenn die Wachstumsraten nur um wenige Zehntel Prozentpunkte von anderen Prognosen abweichen. Erst 2014 soll es demnach mit der deutschen Wirtschaft wieder steiler bergauf gehen. Alle Prognosen stehen allerdings immer unter Vorbehalt: Niemand wagt eine Prognose hinsichtlich der Entwicklung in Griechenland bzw. der anderer südlicher Euroländer. Auch scheinen die Ursachen der Finanzkrise noch nicht völlig behoben zu sein.

Welche Auswirkungen zeigen die konjunkturellen Prognosen für den Arbeitsmarkt? In den letzten drei Jahren sanken die Arbeitslosenzahlen kontinuierlich. Im Vergleich zum restlichen Europa war dies eine außerordentlich positive Entwicklung. Für 2013 jedoch erwartet die Bundesanstalt für Arbeit eine leichte Zunahme der Erwerbslosigkeit. Durchschnittlich werde die Zahl der Arbeitslosen 2013 um rund 40.000 höher und damit im Jahresdurchschnitt bei 2,94 Millionen liegen. In einem Interview erklärte der IAB-Prognosechef Enzo Weber: „Auch der Arbeitsmarkt bleibt nicht unbeeindruckt von der Krise, zeigt sich aber insgesamt robust."

Nach Einschätzung der Bundesagentur für Arbeit wird die erste Jahreshälfte 2013 schwierig. So könnte eine Konjunkturflaute die Zahl der Arbeitslosen wieder über die Drei-Millionen-Marke steigen lassen. Erst im zweiten Halbjahr 2013, so erklärte BA-Chef Frank-Jürgen Weise bei der Vorstellung der Zahlen in Nürnberg, werde sich die Lage auf dem Arbeitsmarkt entspannen. „Die Daten zeigen überwiegend eine Seitwärtsbewegung", so kommentierte Weise die Einschätzung der Bundesanstalt. Er verwies darauf, dass die Arbeitslosenquote im Herbst des vergangenen Jahres zwar bei 6,5 Prozent lag, die Zahl der versicherungspflichtig Beschäftigten mit 29,39 Millionen aber um rund 400.000 im Vergleich zum Vorjahr anstieg.

Das Institut der deutschen Wirtschaft (IW) in Köln weist in seiner Konjunkturprognose darauf hin, dass in 2013 das reale Bruttoinlandsprodukt leicht zulegen wird. Unter der Voraussetzung, dass die Schuldenkrise gebändigt wird und die Weltwirtschaft nicht abstürzt, sind die Perspektiven für den deutschen Außenhandel beruhigend. Vor dem Hintergrund eines knapp 5,5 Prozent steigenden Welthandels werden die preisbereinigten Ausfuhren der deutschen Exporteure bei ca. vier Prozent liegen. Bei den Investitionen in Ausrüstungsgüter haben die deutschen Unternehmen ihre Geschäftserwartungen zurückgeschraubt, ihre Kapazitätsauslastung ging ebenfalls zurück, dennoch werden laut IW-Prognose die Investitionen in Maschinen und Anlagen um über ein Prozent steigen. Nach einer IW-Konjunkturumfrage im Herbst des letzten Jahres, an der rund 2.300 Unternehmen teilnahmen, werden 28 Prozent der befragten Firmen weniger investieren als im Jahr 2012, knapp 23 Prozent wollen aber ihre Investition steigern.

Auf dem Arbeitsmarkt soll, trotz abgeschwächter Konjunktur, die Zahl der Erwerbstätigen steigen. Eine Trendwende zum Schlechteren sehen auch die IW-Forscher nicht. Im Vergleich zum Vorjahr wollen 28 Prozent ihr Personal abbauen, nur knapp 20 Prozent rechnen mit mehr Beschäftigten.

Konjunktur: Auf der Bremse

So viel Prozent der Unternehmen erwarten für das Jahr 2013 eine
- Abnahme der ...
- Zunahme der ...

	Westdeutschland		Ostdeutschland		Insgesamt	
Produktion	28,7	24,3	25,4	25,1	28,2	24,3
Exporte	18,9	20,5	16,7	21,8	18,7	20,6
Erträge	33,7	24,6	28,5	21,4	33,0	24,2
Investitionen	28,7	22,7	22,6	21,7	27,9	22,6
Beschäftigung	27,9	18,9	26,4	26,2	27,7	19,9

Rest zu 100: gleichbleibend

Quelle: Institut der deutschen Wirtschaft Köln aus Pressemitteilung Nr. 50/2012. IW-Befragung von 1.859 Unternehmen in Westdeutschland und 447 Unternehmen in Ostdeutschland im Oktober/November 2012

Eine ähnliche Entwicklung erwartet auch die Deutsche Industrie- und Handelskammer (DIHK) nach ihrer Herbstumfrage 2012. Danach werden die Unternehmen trotz des abnehmenden konjunkturellen Schwungs weiterhin einstellen, wenn auch in geringerem Umfang. Während sich die Industrie eher zurückhaltend zeigt, wollen unternehmensnahe und personenbezogene Dienstleister ihren Personalbestand „spürbar" aufstocken. Insbesondere Dienstleister aus dem Bereich Forschung und Entwicklung, Telekommunikation sowie die Kultur- und Kreativwirtschaft verweisen auf ihre expansiven Pläne. Überdurchschnittliche personalpolitische Pläne zeigen sich bei Messe-, Ausstellungs- und Kongressveranstaltern. Spitzenreiter für den geplanten Beschäftigungsaufbau bei Industrie-Arbeitsplätzen ist die Pharmabranche zusammen mit der Medizintechnik.

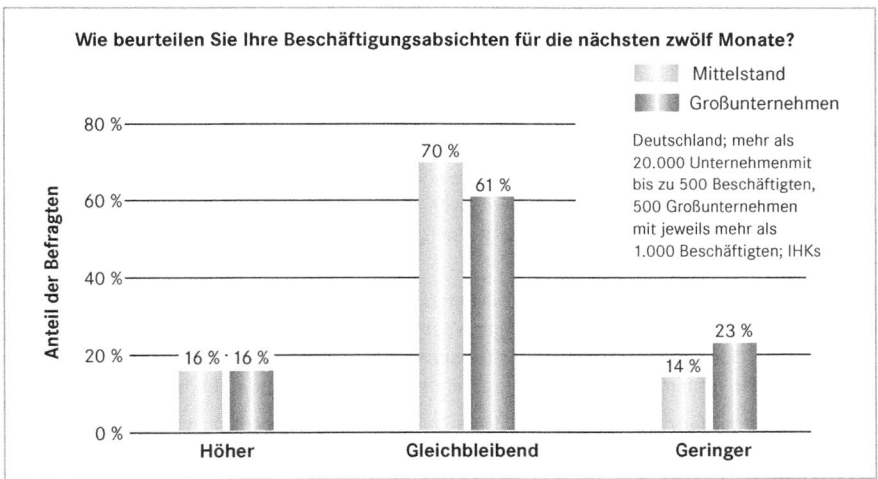

Quelle: DIHK, Herbstumfrage 2012

1 Der Arbeitsmarkt für Betriebswirte

Der Arbeitsmarkt für Betriebswirte bleibt, wenn auch im Vergleich zu Nicht-Akademikern, weiterhin erfreulich stabil. So hat der BA-Chef Frank-Jürgen Weise bei der Vorstellung der Arbeitslosenzahlen wiederholt darauf hingewiesen, dass das größte Risiko, arbeitslos zu werden, in erster Linie diejenigen tragen, die männlich, jünger und gering qualifiziert sind. Insofern „schützt" eine gute Qualifikation und eine hohe Bereitschaft zu Flexibilität.

Gefragte Schlüsselqualifikationen und Soft Skills

Am Beispiel der Stahlindustrie zeigt sich, welche Anforderungen Arbeitgeber an arbeitswillige Absolventen stellen (müssen): internationale Flexibilität auf einem zunehmend globalen Markt und solides fachliches Können mit der Bereitschaft, ständig dazuzulernen. Betriebswirte werden „breit" eingesetzt: Sie übernehmen operative wie strategische Aufgaben, sind je nach Studienschwerpunkt in allen Funktionsbereichen wie Produktion, Marketing, Logistik, Controlling, im Finanz- oder Rechnungswesen einsetzbar.

Daher erwarten die Arbeitgeber neben einer guten akademischen Ausbildung eine „fächerübergreifende" Qualifikation, soll heißen: Problemgerechtes Handeln, und zwar unabhängig vom Studienschwerpunkt. Diese Handlungskompetenz setzt sich aus mehreren Teilkompetenzen zusammen:

Handlungskompetenz resultiert aus den Teilkompetenzen:

1. **Fachkompetenz:** die Fähigkeit, sich fachlich selbstständig auf dem Laufenden zu halten, die Erkenntnisse systematisch einzuordnen und in größeren Zusammenhängen zu denken, sich in neue betriebliche Bedingungen einzuarbeiten und neue Ideen zu erarbeiten.

2. **Methodenkompetenz:** die Fähigkeit, Aufgaben und Probleme richtig anzugehen und bei sich ständig ändernden Bedingungen mögliche Lösungen zu erarbeiten. Vor dem Hintergrund einer globalisierten Wirtschaft ist diese Eigenschaft besonders wichtig.

3. **Urteilsfähigkeit:** die Fähigkeit, Aufgaben und Probleme sowie mögliche Lösungsvorschläge richtig einzuschätzen, Argumente und Risiken gründlich abzuwägen, verantwortlich zu entscheiden, Teilschritte sinnvoll zu priorisieren und die getroffenen Entscheidungen auch gegen größeren Widerstand begründet zu vertreten – und, wenn nötig, nachzukorrigieren.

4. **Lernkompetenz:** die Fähigkeit, sich selbstständig neue Informationen zu erschließen und neue Lerntechniken zur Bewältigung der veränderten Rahmenbedingungen anzuwenden. Diese Kompetenz ist ebenso anspruchsvoll wie notwendig und kann im Einzelfall für das Weiterbestehen eines Unternehmens auf dem Weltmarkt entscheidend sein.

5. **Sozialkompetenz:** die Fähigkeit, in vielfältiger Form mit anderen gut zusammenzuarbeiten. Diese Teamfähigkeit ist heutzutage unumgänglich, da komplexe Probleme nur gemeinsam gelöst werden können.

Das Institut der deutschen Wirtschaft hat in einer Unternehmensbefragung ermittelt, welche fachübergreifenden Schlüsselqualifikationen den einstellenden Unternehmen am wichtigsten sind. Teamfähigkeit stand an erster Stelle, gefolgt von kommunikativem Verhalten und Kooperationsfähigkeit. Folgende Übersicht vermittelt einen ersten Eindruck der geforderten Schlüsselqualifikationen:

Die wichtigsten Schlüsselqualifikationen

- Teamfähigkeit
- Kooperationsbereitschaft
- Kommunikatives Verhalten
- Kritikfähigkeit
- Leistungsbereitschaft
- Eigeninitiative
- Zuverlässigkeit und Ausdauer bei der Durchführung übertragener Aufgaben
- Kreativität
- Motivation
- Belastbarkeit
- Durchsetzungsfähigkeit
- Selbstständiges Lernen und Selbstständigkeit im Rahmen der Arbeitsmöglichkeiten
- Logisches Denken
- Verantwortungsbewusstsein und Eigenverantwortung
- Zielstrebigkeit
- Einstellung zur Arbeit
- Beständigkeit
- Konzentrationsfähigkeit und Sorgfalt
- Planvolles Arbeiten
- Soziale Umgangsformen wie Rücksichtnahme und Toleranz

Welche Qualifikationen Arbeitnehmer für die globale Wirtschaft mitbringen sollten, wurde gemeinsam vom Bildungsinstitut für Berufsbildung und vom Institut für Arbeitsmarkt- und Berufsforschung ermittelt. Danach wurden die sogenannten Schlüsselqualifikationen wie folgt erläutert:

Elemente der Schlüsselqualifikationen

Kenntnisse und Fertigkeiten	▪ Berufsübergreifende Kenntnisse und Fertigkeiten – wie Kulturtechniken, Fremdsprachen, technische, wirtschaftliche und soziale Allgemeinbildung ▪ Neu aufkommende Kenntnisse und Fertigkeiten – wie Befähigung zum Umgang mit elektronischer Datenverarbeitung und neuen Technologien ▪ Vertiefte Kenntnisse und Fertigkeiten, das heißt Ausbau von Grundlagen, die veränderbar sind – wie Fachfremdsprachen ▪ Berufsausweitende, das heißt über den Einzelberuf hinausgehende Kenntnisse und Fertigkeiten
Fähigkeiten	▪ Selbstständiges, logisches, kritisches, kreatives Denken ▪ Gewinnen und Verarbeiten von Informationen ▪ Selbstständiges Lernen, das „Lernen lernen", sich etwas selbstständig erarbeiten können ▪ Anwendungsbezogenes Denken und Handeln, Einsatz der eigenen Sensibilität und Intelligenz bei Umstellung und Neuerungen ▪ Entscheidungsfähigkeit, Führungsfähigkeit, Gestaltungsfähigkeit – wie Selbstständigkeit bei Planung, Durchführung und Kontrolle
Verhaltensweisen	▪ Verhaltensqualifikationen mit einzelpersönlicher Betonung: Selbstvertrauen, Optimismus, Flexibilität, Anpassungsfähigkeit, Gestaltungskraft, Leistungsbereitschaft, Eigenständigkeit ▪ Verhaltensqualifikation mit zwischenmenschlicher Betonung: Kooperationsbereitschaft, Fairness, Verbindlichkeit, Gerechtigkeit, Aufrichtigkeit, Dienstbereitschaft, Teamgeist, Solidarität ▪ Verhaltensqualifikation mit gesellschaftlicher Betonung: Fähigkeit und Bereitschaft zur wirtschaftlichen Vernunft, zur technologischen Akzeptanz und zum sozialen Konsens ▪ Arbeitstugenden: Genauigkeit, Sauberkeit, Zuverlässigkeit, Exaktheit, Pünktlichkeit, Ehrlichkeit, Ordnungssinn, Konzentration, Ausdauer, Pflichtbewusstsein, Fleiß, Disziplin, Hilfsbereitschaft, Rücksichtnahme

Quelle: Klein, Wandel der Arbeitswelt – Wandel der Qualifikation

Festzuhalten bleibt noch, dass in der modernen Wissensgesellschaft ein solides Anwenderwissen im Umgang mit Computern und Neuen Medien erwartet wird. Das gehört zur **modernen Allgemeinbildung** und ist bei Berufseinsteigern nicht nur mit Studienabschlüssen in der Regel auch vorhanden. Kenntnisse in Microsoft Office Word sind allgemeiner Standard, Grundlagen in PowerPoint, Excel, Access oder Office Outlook sollten ebenso vorzuweisen sein.

FAZIT

Der Grundbedarf an Betriebswirten bleibt weiterhin hoch, im Vergleich zu früher hat sich die Nachfrage nach qualifizierten BWLern erfreulich verbessert. Neben den Ingenieuren waren Betriebswirte die gefragtesten Akademiker. Viele Branchen erwarten weiterhin – trotz der internationalen Finanz- und Schuldenkrise – eine anhaltend und langfristig nachhaltige positive Entwicklung in Deutschland und sind daher bereit, weitere Mitarbeiter einzustellen. Dem Absolventen bleibt damit die intensive Suche nach einer neuen Stelle natürlich nicht erspart, doch die Ausgangsbedingungen seiner Stellensuche haben sich in den letzten Jahren deutlich zu seinen Gunsten verbessert.

Auf der anderen Seite darf nicht übersehen werden, dass die Anforderungen an die Betriebswirte deutlich gestiegen sind. Eine umfassende internationale Fachkompetenz braucht nicht nur der Bewerber, der seine Chancen im Ausland sucht, sondern auch derjenige, der in ein Unternehmen mit grenzüberschreitendem Handel eintreten möchte. Auch wenn die Türen der Universität oder Fachhochschule sich gerade nach einer erfolgreichen Ausbildung hinter dem Betriebswirt geschlossen haben, die Bereitschaft und die Fähigkeit, ein Leben lang zu lernen, muss er in jedem Fall mitbringen.

2 Top-Arbeitgeber – Wer sind die besten?

2.1 Graduate Barometer Deutschland

Zwischen September 2012 und Februar 2013 führte das Berliner Beratungsunternehmen Trendence erneut seine Studie „Trendence Graduate Barometer Germany" durch (früher: Absolventenbarometer).

Rund 37.000 examensnahe Studenten an 130 Hochschulen wurden zum Thema „Wunscharbeitgeber und Karriere" befragt. Bei den angehenden Wirtschaftswissenschaftlern ist das Ergebnis seit Jahren recht konstant: Hier ist die Automobilindustrie nach wie vor Favoritin. Konsumgüterhersteller und Händler wiederum verlieren an Attraktivität, ebenso wie Berater, Wirtschaftsprüfer und Banken.

Top-Arbeitgeber 2013

Rang	Prozent	Unternehmen
1	12,0	Audi
2	11,7	BMW Group
3	7,8	Volkswagen
4	7,2	Porsche
5	6,3	adidas
6	6,2	Daimler
7	6,1	Bosch
8	6,0	Google
9	5,8	Deutsche Lufthansa
10	5,0	Siemens
11	4,7	Apple
12	4,4	Ernst & Young
12	4,2	PwC
14	4,1	Auswärtiges Amt
15	3,9	Deutsche Bank
16	3,7	KPMG
17	3,6	Amazon
18	3,5	BASF
19	3,4	McKinsey & Company
20	3,3	BCG The Boston Consulting Group
20	3,3	Unilever

Quellen: trendence Graduate Barometer 2013 (www.trendence.com), http://www.deutschlands100.de/deutschlands-100/trendence-graduate-barometer/business.html

2.2 Arbeitgeberranking von WirtschaftsWoche und Universum

Welche Arbeitgeber erfüllen die Anforderungen von Young Professionals an den Job? Zwischen Juni und Oktober 2012 wurden dazu 5.214 Arbeitnehmer im Alter bis 40 Jahren und einer Berufserfahrung zwischen einem und acht Jahren befragt: Sie konnten unter 150 Unternehmen ihre fünf Wunscharbeitgeber wählen oder frei nennen. Das daraus entwickelte Arbeitgeber-Ranking von WirtschaftsWoche und Universum Communications (Universum Professional Survey 2012) registriert die Einschätzungen derer, die bereits im Job sind. Ein genereller Befund: Oft zählt ein sicherer Arbeitsplatz mehr als schneller Aufstieg und ein solides Grundgehalt eher als hohe Boni. Dabei zeigt sich auch bei High Professionals, dass die Erwartungen vor dem Examen mit den Praxs-Erfahrungen danach übereinstimmen. Wirtschaftswissenschaftler favorisieren die Automobilindustrie. Banken verlieren an Attraktivität, Energieversorger stoßen seit der Energiewende auf Unsicherheit. Insgesamt, so der Report, habe die „Wirtschaftskrise ... die Mentalität der deutschen Young Professionals nachhaltig beeinflusst. Die Jobsicherheit gewinnt mehr und mehr an Bedeutung. Sie ist unter den Young Professionals das drittwichtigste Karriereziel."

Platzierung 2012		Unternehmen
Rang	Prozent	
1	15,4	BMW Group
2	13,8	Audi
3	10,7	Porsche
4	9,8	Deutsche Lufthansa
4	9,8	Google
6	8,8	Volkswagen
7	8,5	Siemens
8	6,9	Adidas Group
9	6,8	Daimler
10	6,2	McKinsey
11	5,6	Bosch
12	5,5	Boston Consulting Group
13	5,4	Auswärtiges Amt
13	5,4	Nestlé
15	5,1	BASF
16	5,0	Deutsche Bank
17	4,8	Beiersdorf
18	4,4	Boss
19	4,3	SAP

Platzierung 2012		Unternehmen
Rang	**Prozent**	
20	4,2	Dr. Oetker
20	4,2	Europäische Zentralbank
22	4,1	Ferrero
22	4,1	IKEA Deutschland
24	4,0	Puma
24	4,0	Unilever Deutschland

Quelle: *WirtschaftsWoche* vom 4. Dezember 2012. http://www.wiwo.de/erfolg/jobsuche/arbeitgeberranking-2012-die-besten-arbeitgeber-fuer-junge-talente-/7460124.html

2.3 Great Place to Work: So urteilen die Mitarbeiter

Jedes Jahr zeichnet das Institut Great Place to Work® Deutschland auf Basis von Benchmarkuntersuchungen Unternehmen aus. Beim bundesweiten seit 2003 durchgeführten Wettbewerb „Deutschlands Beste Arbeitgeber" wurden 2013 insgesamt 100 Unternehmen aller Branchen, Regionen und Größen für Leistungen in der „Entwicklung vertrauensvoller Arbeitsbeziehungen und der Gestaltung attraktiver Arbeitsbedingungen" gewürdigt. Bundesweit stellten sich über 400 Unternehmen der unabhängigen Prüfung von Qualität und Attraktivität ihrer Arbeitsplatzkultur. Mehr als 100.000 Beschäftigte nahmen an den Befragungen zu Themen teil wie Führung, Zusammenarbeit, Anerkennung, Bezahlung, berufliche Entwicklung und Gesundheit. Darüber hinaus analysierte das Institut die unternehmensspezifischen Maßnahmen der Personal- und Führungsarbeit. Partner des Wettbewerbs sind die Universität zu Köln, das Handelsblatt, das Personalmagazin sowie Das Demographie Netzwerk (ddn). Unterstützt wird der Wettbewerb von der Jobbörse StepStone. Die komplette 100-Beste-Liste unter: www.greatplacetowork.de.

	Unternehmen	Branche	Mitarbeiter	Homepage
Top 3 der Unternehmen 50 bis 500 Mitarbeiter				
1	Schindlerhof	Hotel- und Gastgewerbe	72	www.schindlerhof.de
2	pentasys	IT	161	www.pentasys.de
3	St. Gereon	Gesundheit und Soziales, Altenpflege	269	www.st-gereon.info
Top 3 der Unternehmen 501 bis 2.000 Mitarbeiter				
1	NetApp Deutschland GmbH	Information Technology – IT Consulting	648	www.netapp.com/de
2	DIS AG	Personaldienstleistungen	660	www.dis-ag.com

2.3 GREAT PLACE TO WORK: SO URTEILEN DIE MITARBEITER

	Unternehmen	Branche	Mitarbeiter	Homepage
3	W. L. Gore & Associates GmbH	Multi-Technologie	1.497	www.gore.com/de_de/

Top 3 der Unternehmen 2.001 bis 5.000 Mitarbeiter

	Unternehmen	Branche	Mitarbeiter	Homepage
1	Microsoft	IT	2385	www.microsoft.de
2	SICK AG	Manufacturing & Production – Electronics	2.610	www.sick.com
3	Johnson & Johnson Medical	Medizintechnik	2036	www.jnjmedical.de

Top 3 der Unternehmen über 5.000 Mitarbeiter

	Unternehmen	Branche	Mitarbeiter	Homepage
1	Techniker Krankenkasse	Krankenkassen	11.852	www.tk.de
2	Datev eG	IT	6.317	www.datev.de
3	SAP AG	IT	14.985	www.sap.de

Quelle: Great Place to Work® Deutschland 2013

Die 100 besten Arbeitgeber in Europa 2013

Bereits 2003 kürte das Institut Great Place to Work® zum ersten Mal die „100 Besten Arbeitgeber Europas". 2013 nahmen über 1.500 Unternehmen aus 18 Ländern teil. Sie repräsentieren europaweit über 1,2 Millionen Mitarbeiter. Great Place to Work® hat nun auf Basis von Benchmarkstudien die Arbeitsplatzkultur analysiert. Die Ergebnisse dazu werden in zwei Größenkategorien systematisiert: Ein Ranking erfasst Unternehmen mit 50 bis 500 Mitarbeitern; ein weiteres Ranking nennt Unternehmen mit mehr als 500 Mitarbeitern.

Alle 100 besten Arbeitgeber Europas sind ebenso in ihren Ursprungsländern die besten Arbeitgeber. „Was sie über regionale-, wirtschaftliche- und kulturelle Grenzen vereint, ist ein starker und visionärer Führungsstil und eine innere Verpflichtung, einen Arbeitsplatz zu erschaffen, in der Mitarbeiter ihrem Arbeitgeber Vertrauen entgegen bringen, stolz sind auf das, was sie tun und Freude am Umgang mit ihren Kollegen haben", so das Institut.

Die besten Arbeitgeber – Top Ten der KMU in Europa (50 bis 500 Mitarbeiter)

	Unternehmen	Branche	EU-Land	Homepage
1	Futurice	Information Technology Software	Finnland	www.futurice.com
2	Webstep	Information Technology IT Consulting	Norwegen	www.webstep.no
3	Centiro Solutions	Information Technology Software	Schweden	www.centiro.se

4	Impact International	Professional Services Consulting – Management	Großbritannien	www.impactinternational.com
5	Key Solutions	Professional Services Business Process Outsourcing Call centers	Schweden	www.keysolutions.se
6	Baringa Partners	Professional Services Consulting – Management	Großbritannien	www.baringa.com
7	Tenant & Partner	Construction, Infrastructure & Real Estate – Real Estate	Schweden	www.tenantandpartner.com
8	EiendomsMegler 1 Midt Norge	Construction, Infrastructure & Real Estate – Real Estate	Norwegen	www.eiendomsmegler1.no
9	Fondia	Professional Services – Legal	Finnland	www.fondia.fi
10	Softcat Limited	Information Technology – IT Consulting	Großbritannien	www.softcat.com

Quelle: Great Place to Work® Institute, Inc., 2013

Die besten Arbeitgeber – Top Ten der Großunternehmen in Europa (ab 500 Mitarbeiter)

	Unternehmen	Branche	EU-Land	Homepage
1	Capital One (Europe)	Financial Services & Insurance	Großbritannien	www.capitalone.co.uk
2	Schoenen Torfs	Retail	Belgien	www.torfs.be
3	EnergiMidt	Manufacturing & Production Energy Distribution	Dänemark	www.Energimidt.dk
4	DIS	Professional Services Staffing & Recruitment	Deutschland	www.dis-ag.com
5	HYGEIA Hospital	Health Care – Hospital	Griechenland	www.hygeia.gr
6	ROFF	Information Technology IT Consulting	Portugal	www.roffconsulting.com
7	Davidson	Professional Services Consulting Engineering	Frankreich	www.davidson.fr
8	TIVOLI	Hospitality Hotel/Resort	Dänemark	www.tivoli.dk
9	Rackspace	Information Technology	Großbritannien	www.rackspace.co.uk
10	Vector Informatik	Information Technology Software	Deutschland	www.vector.com

Quelle: Great Place to Work® Institute, Inc., 2013

3 Der Einstieg in den Beruf

Nach dem Studium gibt es mehrere Möglichkeiten und Wege zum Start in das Berufsleben. Neben dem Direkteinstieg sind vor allem folgende Einstiegsprogramme in der Praxis von Bedeutung:

- Trainee-Programm
- Training-on-the-Job
- Assistentenfunktion

Bewährt hat sich auch der „sanfte" Einstieg parallel zum Studium, beispielsweise durch entsprechende Praktika. Dies hat den Vorteil, dass sich Unternehmen und Bewerber bzw. Interessent frühzeitig kennenlernen. Praktikanten können sich ein Bild von der jeweiligen Branche, dem jeweiligen Unternehmen und den Anforderungen machen. Aber auch die Firmen profitieren: Sie können frühzeitig abschätzen, ob potenzielle Mitarbeiter ins Team passen und den Anforderungen gewachsen sind.

Ein weiterer Vorteil für die Bewerber bzw. Praktikanten: Sie können hier oftmals praxisbezogene Master- und Abschlussarbeiten in enger Kooperation mit einem Unternehmen erstellen und haben so einen perfekten Einstieg.

> **Basisfragen**
>
> Beginnen Sie bereits während des Studiums, sich mit Ihrem zukünftigen Berufseinstieg zu befassen. Beantworten Sie für sich folgende zentrale Fragen:
> - In welchem beruflichen Umfeld wollen Sie arbeiten (Privatwirtschaft, Verband, öffentlicher Dienst oder Selbstständigkeit)?
> - Welchen Bereich bevorzugen Sie (Industrie, Handel oder Dienstleistung)?
> - Welche Branche(n) ist/sind für Sie von Interesse?
> - Wie flexibel und mobil sind Sie (räumlich, zeitlich, international)?

3.1 Der Einstieg als Trainee

Bei Banken und Versicherungen ist der Einstieg als Trainee eine sehr gängige Methode des Berufseinstiegs für Hochschulabsolventen, aber auch in allen anderen Branchen haben sich derartige Programme inzwischen etabliert, und zwar sowohl in Groß- als auch in kleinen und mittelständischen Unternehmen.

Trainees durchlaufen auf das jeweilige Unternehmen abgestimmte Förder- und Ausbildungsprogramme, welche die neuen Mitarbeiter mit den unterschiedlichen Firmenbereichen und Abteilungen bekannt machen. Die Programme, die in aller Regel nicht einzeln, sondern – nicht zuletzt wegen der gruppendynamischen Effekte – mit kleinen Teams von Trainees durchgeführt werden, dauern zwischen zwölf und 24 Monate, je nach Firma und

Branche. Insgesamt geht der Trend deutlich zu Ausbildungszeiten von zwölf bis 15 Monaten.

In aller Regel sind Trainees Hochschulabsolventen, die auf ihre Aufgaben als zukünftige Führungskräfte bzw. Spezialisten vorbereitet werden. Oft gibt es eine Altersgrenze, die Bewerber nicht überschreiten sollten. Zudem ist der Verdienst während dieser ersten Monate eher niedrig. Das durchschnittliche Gehalt von Trainees beträgt laut der Alma-Mater-Gehaltsstudie von 2012 37.618 € pro Jahr. Es kann jedoch, je nach Branche, Studienrichtung und Unternehmensgröße, stark variieren.

So werden etwa Trainees im Medienbereich mit einem durchschnittlichen Jahresgehalt von ungefähr 14.000 € besonders schlecht entlohnt, während in den Bereichen Pharma, Technik und Energie auch mehr als das Dreifache üblich ist. Unternehmen wie die Deutsche Bank oder Bosch zählen mit Gehältern von mehr als 45.000 bis 50.000 € zu den Spitzenreitern, aber auch Discounter wie Lidl oder Aldi bieten mit etwa 60.000 € pro Jahr überdurchschnittlich attraktive Vergütungen. Weitere gut zahlende Bereiche sind die Automobilbranche, der Maschinenbau und Elektrotechnik oder die chemische und elektronische Industrie sowie die Luft- und Raumfahrttechnik.

Im Hinblick auf den Studienabschluss erhalten Ingenieure und Naturwissenschaftler die höchste Vergütung, der Median liegt hier bei 41.000 bzw. 40.300 €. Knapp dahinter folgen Informatiker (ca. 39.800 €) und Wirtschaftswissenschaftler (etwa 37.500 €), weit abgeschlagen sind die Geistes- und Sozialwissenschaftler mit ca. 28.200 € pro Jahr.

Bei der Unternehmensgröße gilt die Faustformel: Je größer das Unternehmen, desto höher das Gehalt.

Trainee-Programme passen das Wissen und die Fähigkeiten des Trainees an die Erfordernisse des Unternehmens an. Im Gegensatz zu einer Ausbildung gibt es für ein Trainee-Programm jedoch keine fixen Inhalte, die vermittelt werden, sodass die fachliche Qualität durchaus variieren kann. Deshalb sollten Bewerber die Dauer, die Inhalte und die Bezahlung vergleichen. Für die Zusage zu einem Trainee-Programm muss in aller Regel ein Assessment-Center erfolgreich durchlaufen werden.

Grundsätzlich gibt es drei Arten von Trainee-Programmen:

- **Allgemeines Trainee-Programm:**
  Hier durchlaufen die Trainees verschiedene Abteilungen und werden in unterschiedlichen Projekten und Aufgabenbereichen eingesetzt.

- **Fachtrainee-Programm:**
  Liegt schon zu Beginn fest, welchen Fachbereich der Teilnehmer später übernehmen soll, und ist das Programm genau auf diesen Bereich abgestimmt, spricht man von einem Fachprogramm. Der Trainee nutzt also die komplette Zeit, um sich auf den späteren Einsatzbereich vorzubereiten.

- **Trainee-Studium** (auch **duales Studium**):
Einige Unternehmen unterstützen einen Studierenden während des Studiums in finanzieller Hinsicht. Als Gegenleistung verpflichtet sich dieser zur studienbegleitenden Arbeit für das Unternehmen, beispielsweise während der vorlesungsfreien Zeit. Zudem bindet sich der Studierende für eine gewisse Zeit nach Abschluss des Studiums an das Unternehmen.

3.2 Der Sprung ins kalte Wasser: Training-on-the-Job

Wer einen Schlussstrich unter seine Ausbildungsphase setzen, „in der Praxis etwas machen" möchte und keine Angst davor hat, „ins kalte Wasser geworfen zu werden", für den ist ein Training-on-the-Job eine interessante Alternative. Training-on-the-Job bedeutet, dass die Weiterbildungsmaßnahmen direkt im Funktionsumfeld des Arbeitsplatzes durchgeführt werden. Häufig stehen die konkrete Problemlösung und das Erarbeiten von Verbesserungsmöglichkeiten für den eng abgestimmten Arbeitsbereich im Vordergrund.

> **TIPP** Wer so einsteigt, kann mit einem höheren Gehalt rechnen und wird mit einer herausfordernden Aufgabe konfrontiert. Innerhalb der Probezeit gilt dabei für beide Seiten ein schnelles Kündigungsrecht.

Allerdings sollten die Nachteile eines solchen Berufseinstiegs nicht unter den Teppich gekehrt werden. Die Einarbeitungszeit ist häufig sehr kurz und ermöglicht es kaum, sich einen Überblick über das Gesamtunternehmen und seine Strukturen zu verschaffen. Zudem legt man sich stark auf eine berufliche Zielrichtung fest. Häufig steht auch eine weitere fachliche und persönliche Qualifikation durch den Arbeitgeber nicht mehr im Vordergrund.

Weit verbreitet ist diese Art des Arbeitseinstiegs im Bereich des Außendienstes, d. h. im Vertrieb. Doch hier gilt es vorsichtig zu sein, dass es eben nicht nur darum geht, entsprechende Verträge unter das Volk zu bringen, sondern dass auch die Schulung – und hier ist nicht nur die Produktschulung gemeint – und Weiterbildung nicht zu kurz kommen. Zudem gilt es vorher zu prüfen, ob nicht Rückzahlungsverpflichtungen entstehen, wenn die geforderten Umsätze nicht erreicht werden.

3.3 Der Einstieg als Assistent der Geschäftsleitung

Ein Assistent der Geschäftsleitung unterstützt den Vorstand und die Geschäftsführung, indem er entsprechende Unterlagen vorbereitet, Meetings organisiert, Projekte (beispielsweise im Bereich IT, Controlling oder in der Unternehmensanalyse) betreut, Termine und Geschäftsreisen koordiniert und sich um die Korrespondenz kümmert. Dies kann durchaus eine Stelle sein, die nach zwei bis drei Jahren in eine andere verantwortungsvolle Position führt, zum Beispiel als Leiter einer Abteilung.

Als Assistent der Geschäftsleitung bekommen Sie einen guten Einblick in die Entscheidungsstruktur des Unternehmens und haben die Möglichkeit, Verantwortung zu übernehmen. Zudem locken in der Regel recht gute Aufstiegsmöglichkeiten, auch die Bezahlung ist in vielen Fällen durchaus attraktiv. Allerdings steht und fällt die Qualität der Arbeit und der Aufstiegsmöglichkeiten mit der Qualität und Art der Firmenführung. Deshalb sollten Sie sich unbedingt im Vorfeld mit dem Unternehmen und der Firmenführung vertraut machen.

> „Vitamin B"
> „Beziehungen schaden nur dem, der keine hat!", weiß schon der Volksmund. Und da ist was dran. So manche Karriere hat ihre entscheidende Initialzündung über den Freundes- und Bekanntenkreis erhalten.
> Daher sollten Sie bereits während des Studiums entsprechende Kontakte und Netzwerke aufbauen. Dabei helfen können die Mitarbeit in bestimmten Institutionen in der Hochschule, in studentischen Vereinigungen, aber auch der Besuch von Messen und Tagungen. Praktika, Ferienjobs und Werkstudien eignen sich ebenfalls, wenn es darum geht, Kontakte zu knüpfen und zugleich Erfahrungen zu sammeln.
> Pflegen Sie die einmal gewonnenen Kontakte, indem Sie immer wieder das Gespräch suchen. Auch eine freundliche E-Mail kann nie schaden. Sie können auch offen um einen Rat bitten. Die meisten Gesprächspartner werden sich hiervon nicht belästigt, sondern geschmeichelt fühlen.

3.4 Der direkte Einstieg

Wer diesen Weg wählt, übernimmt als neuer Mitarbeiter sofort eine feste Position mit der entsprechenden Funktion und Vergütung. Dabei sollten Sie gerade als Berufsanfänger darauf achten, dass es eine geregelte Einstiegsphase gibt. Dies kann beispielsweise dadurch erfolgen, dass der Mitarbeiter, der die Stelle verlässt, Sie noch über mehrere Wochen und Monate einarbeitet. In vielen Unternehmen ist es zudem mittlerweile Usus, dass neue Mitarbeiter in den ersten Wochen die unterschiedlichen Abteilungen durchlaufen, damit sie sich mit den internen Abläufen vertraut machen können.

Der direkte Einstieg bietet einige Vorteile: So können Sie vom ersten Tag an Verantwortung übernehmen und zeigen, was in Ihnen steckt. Zudem lockt eine adäquate Bezahlung. Allerdings birgt der Direkteinstieg die Gefahr einer (zu) kurzen Einarbeitung und stellt – ähnlich wie der Einstieg Training-on-the-Job – sofort hohe Anforderungen an die Leistungskompetenz des neuen Mitarbeiters.

Special Finanzdienstleistungssektor: attraktiv trotz Krise

von *Carmen Mausbach*

Das Image der Finanzdienstleistungsbranche (FDL) hat seit dem Ausbruch der globalen Wirtschafts- und Finanzmarktkrise stark gelitten. Vor allem gierige Banker die durch ihre Spekulationsfreude die Finanzmärkte stark erschütterten und wenig vertrauenswürdige Finanzberater, die zu oft nur ihren eigenen Vorteil sahen, haben für Zündfeuer gesorgt.

Andererseits sind Berufe in der FDL-Branche so anspruchsvoll und interessant wie noch nie. Hintergrund hierfür ist, dass der Branche – insbesondere den Banken – umfangreiche Regulierungsmaßnahmen bevorstehen, die Spezialisten und qualifizierte Nachwuchskräfte verlangen.

1. Neue Tätigkeitsfelder in der FDL-Branche

Ombudsmann

In der heutigen Zeit brauchen Banken Fachleute, die den Kunden passende Konzepte erklären und eine individuelle sowie transparente Beratung leisten. Hintergrund hierfür ist, dass die Anlageprodukte immer komplexer werden und gerade der Kleinanleger diese daher oftmals nicht versteht.

Ein Blick auf die Beschwerde-Statistik des Bundesverbandes deutscher Banken zeigt jedoch, dass der Kunde häufig nicht im Mittelpunkt eines Beratungsgesprächs steht und die Kundenbeschwerden beim Ombudsmann zwischen 2008 und August 2012 deshalb stark angestiegen sind. Am 31. Dezember 2008 belief sich die Anzahl der eingegangenen Beschwerden gegen Mitgliedsbanken auf 4.837, im Jahr 2011 waren es bereits 8.268 Beschwerden. Von den im Jahr 2011 eingereichten Beschwerden waren 5.069 Beschwerden zulässig, 1.501 Beschwerden wurden vom Kunden nicht weiter verfolgt und 1.698 Beschwerden waren unzulässig oder ungeeignet, weil zum Beispiel die Verbrauchereigenschaft fehlte. Auffallend ist, dass von den 5.069 zulässigen Beschwerden bereits 2.012 Beschwerden zugunsten des Kunden ausgegangen sind. Das entspricht einer Quote von rund 40 Prozent. In 187 Fällen hat der Ombudsmann einen Vergleich zur Beilage des Streits vorgeschlagen und in 1.227 Fällen hat die Bank einen Erfolg erzielt. Das sich noch 1.643 Beschwerden in Bearbeitung befinden, kann es jedoch noch zu Verschiebungen kommen.

Die bei der Kundenbeschwerdestelle eingegangenen Beschwerden werden in folgende Sachgebiete unterteilt:

- Wertpapiergeschäft
- Kreditgeschäft
- Zahlungsverkehr
- Girokonto für jedermann
- Spargeschäft
- Bürgschaften/Drittsicherheiten
- Sonstige Gebiete

Ersichtlich ist, dass die meisten Beschwerden das Wertpapiergeschäft betrafen. Ein Vorwurf lautet, dass die Bank über Risiken eines verkauften Wertpapiers nicht hinreichend informiert habe. Darüber hinaus – so die Wertpapierbesitzer – wurde bei Zertifikaten nicht ausreichend auf das Emittentenrisiko hingewiesen. Beim Zahlungsverkehr betrafen die Beschwerden vornehmlich die Kontoführung einschließlich der Kontoeröffnung und -schließung sowie das Kartengeschäft und den Überweisungsverkehr. Im Rahmen des Kreditgeschäfts ging es vornehmlich um Hypothekarkredite. Hier stellten sich beispielsweise Fragen danach, wer die Kosten für ein Wertgutachten zu tragen habe und ob die Kosten für eine vorzeitige Ablösung eines Darlehens (Vorfälligkeitsentschädigung) gerechtfertigt seien.

Verfahrenseingänge und -ausgänge im Jahresvergleich

Jahr	2006	2007	2008	2009	2010	2011*	2012**
Gesamtzahl der Beschwerden	3.753	3.610	4.837	6.514	6.494	8.268	3.726
Von Kunden nicht weiterverfolgte Beschwerden	607	617	744	1.030	1.271	1.501	447
Nach der Verfahrensordnung unzulässige/ungeeignete Beschwerden	598	385	743	1.084	1.564	1.698	262
Nach der Verfahrensordnung zulässige Beschwerden	2.548	2.608	3.350	4.300	3.659	5.069	3.017
Ausgang zugunsten des Kunden (auch teilweise)	1.423	1.403	1.824	2.260	2.001	2.012	704
Vergleich durch Ombudsmann angeregt	51	68	89	229	228	187	23
Ausgang zugunsten der Bank	1.074	1.137	1.437	1.811	1.430	1.227	216

* Von den 5069 zulässigen Beschwerden befinden sich noch 1.643 Beschwerden in Bearbeitung
** Von den 3017 zulässigen Beschwerden befinden sich noch 2.074 Beschwerden in Bearbeitung

Quelle: Bundesverband deutscher Banken, Stand: 31.08.2012

Der Ombudsmann der privaten Banken ist eine außergerichtliche, neutrale und unabhängige Schlichtungsstelle, die Kunden bei Meinungsverschiedenheiten mit ihrer Bank aufsuchen können. Ziel und Zweck des seit 1992 eingeführten Verfahrens ist es, Differenzen schnell und unbürokratisch zu bereinigen, da ein Rechtsstreit in der Regel mit erheblichen Kosten verbunden ist. Das Verfahren steht in erster Linie Verbrauchern bzw. Privatkunden offen. Wenn es um Streitigkeiten geht, die den Überweisungsverkehr oder den Missbrauch einer Zahlungskarte betreffen, können sich aber auch Firmen und Selbstständige an den Ombudsmann wenden.

Kreditmediation

Auch im Firmenkundengeschäft kann es zu Konflikten kommen. Im Frühjahr 2010 ist deshalb das Kreditmediationsverfahren in Deutschland gestartet. Maßgebliches Ziel des Verfahrens ist es, die Möglichkeiten einer Kreditvergabe nochmals zu prüfen, falls das unternehmerische Finanzierungsvorhaben von der Hausbank bereits abgelehnt worden ist. Dazu werden im Zuge eines Mediationsverfahrens und unter Einbindung der relevanten Partner und Entscheidungsträger neue Informationen herausgearbeitet, um den Kreditentscheidungsprozess auf eine neue Grundlage zu stellen und die Erfolgschancen für eine rückwirkende Kreditvergabe zu erhöhen.

Gerechtfertigt wird die Einführung eines solchen Verfahrens mit dem Argument, dass die Kreditvergabe häufig an einer unzureichenden Kommunikation zwischen dem Kunden und seiner Hausbank scheitert, weil Missverständnisse nicht frühzeitig und nachhaltig ausgeräumt werden können. Zudem zeigt die Praxis, dass die Kreditvergabe oftmals angesichts einer suboptimalen Finanzierungsstruktur unterbleibt, obwohl die zu finanzierenden Projekte wirtschaftlich durchaus sinnvoll sind. Dies ist vor allem dann der Fall, wenn im Rahmen der Kreditverhandlungen Fördermöglichkeiten nicht ausreichend berücksichtigt und die vorhandenen Sicherheiten nicht optimal in den Kreditvergabeprozess eingebunden werden.

Als erfolgreich wird das Kreditmediationsverfahren dann angesehen, wenn Kreditinstitute im Idealfall und natürlich unter Risikogesichtspunkten ihre Anforderungen an das zu finanzierende Unternehmen und das Vorhaben sowie die notwendige Besicherung ändern. Damit ist der Kreditmediator nicht wie der Ombudsmann der privaten Banken als herkömmliche Beschwerdestelle zu verstehen, sondern als zentrale Stelle, die sich ausschließlich mit der Konfliktbereinigung und -beilegung befasst. Ende 2011 hat der Kreditmediator Hans-Joachim Metternich seine Arbeit planmäßig eingestellt und eine erfreuliche Bilanz gezogen: 1.290 Unternehmen haben in den Jahren 2010 und 2011 die Hilfe des Kreditmediators in Anspruch genommen. Von 307 bereits abgelehnten Kreditanträgen hat der Kreditmediator 96 ins Positive kehren können.

Neben der Maßnahme der Bundesregierung, einen Kreditmediator mit dem Aufbau eines Kreditmediationsverfahrens zu beauftragen, hält der Markt mittlerweile auch eine Reihe von unterschiedlichen privatwirtschaftlichen Angeboten bereit. Auch private Kreditmediatoren verfolgen das Ziel, in ausweglos erscheinenden Situationen vermittelnd tätig zu werden, indem sie Brücken des Verstehens zwischen Unternehmern und Banken bauen, Missverständnisse in der Kommunikation überwinden, das gegenseitige Verständnis zwischen den Verhandlungspartnern fördern und Lösungsansätze für ein zielführendes Miteinander generieren.

Auch einige Universitäten haben den Trend zur Wirtschaftsmediation erkannt. So startet beispielsweise im Rahmen der Executive Education der EBS Universität für Wirtschaft und Recht im Januar 2013 das neue Intensivstudium Wirtschaftsmediation. Das Curriculum beinhaltet neben Grundlagen der Kommunikationswissenschaft, Konfliktlehre, Verhandlungsforschung und Psychologie auch praxisbezogene rechtliche und wirtschaftliche Aspekte. Führende Wissenschaftler mit umfassender Expertise vermitteln theoretische und praktische Grundlagen der erfolgreichen Mediation im Rahmen von vier Modulen, die mit einer Prüfung abgeschlossen werden. Erfolgreiche Teilnehmer erhalten ein Universitätszertifikat mit dem Titel „Wirtschaftsmediator/-in (EBS)". Das Intensivstudium umfasst mehrere Blockphasen, deren erste am 17. Januar 2013 begonnen hat. Der erste Jahrgang schließt das Studium am 14. September 2013 ab. Der Ausbildungsgang richtet sich an Personen, die Mediation als alternative Streitschlichtung im Berufsalltag einsetzen möchten, vor allem an Führungskräfte der ersten und zweiten Managementebene, Rechtsanwälte, Finanz- und Versicherungsberater und HR-Beauftragte in Unternehmen und stellt damit natürlich auch eine Weiterbildungsmaßnahme für Akademiker dar.

2. Banken

Trotz zukunftsweisender Veränderungsprozesse, insbesondere im deutschen Bankgewerbe, sind in den vergangenen Jahren Stellen abgebaut worden. Hintergrund hierfür ist, dass seit Beginn der europäischen Schuldenkrise die Ertragslage der Banken stark gesunken ist. Zudem haben hohe Wertberichtigungen und steigende Refinanzierungskosten für zusätzlichen Druck gesorgt.

Quelle: AGV Banken

Nach Angaben des Arbeitgeberverbands des privaten Bankgewerbes (AGV Banken) ist die Zahl der Beschäftigten im deutschen Kreditgewerbe im Jahr 2011 allerdings nur moderat zurückgegangen. Insgesamt zählte die Branche 653.550 Beschäftigte. Im Jahr 2010 betrug der Personalbestand insgesamt 657.700 Beschäftigte, sodass es zu einem Rückgang von lediglich 0,6 Prozent kam.

Die meisten Beschäftigten konnten die Sparkassen auf sich vereinen. Dort waren zum Jahresende 2011 245.950 Personen oder 37 Prozent beschäftigt. Danach folgten die privaten Banken mit ihren Bausparkassen mit insgesamt 187.150 Beschäftigten oder 28 Prozent. Die Deutsche Bundesbank kam auf 10.850 Beschäftigte oder zwei Prozent.

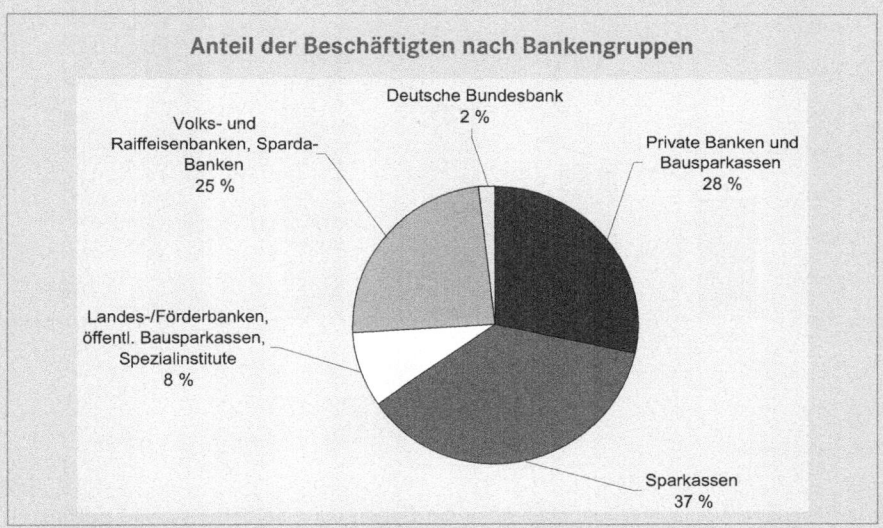

Quelle: AGV Banken

Zukunftstrend flexible Arbeitszeitregelung

Immer mehr Beschäftigte fordern die flexiblere Gestaltung von Arbeitszeiten. Sei es, um Kinder oder pflegebedürftige Angehörige zu betreuen, oder aber der Freizeitgestaltung einen anpassungsfähigen Rahmen zu geben. Das Kreditgewerbe hat diesen Zukunftstrend erkannt und damit begonnen, das Thema „Beruf, Familie und Freizeit" in ihre Unternehmensphilosophie zu integrieren. Dies führte dazu, dass sich im privaten Bankgewerbe mittlerweile die flexibelsten Arbeitszeitregelungen finden (79 Prozent). Zum Vergleich: In der Industrie gibt es nur 43 Prozent Beschäftigte mit flexiblen Arbeitszeitregelungen, im Baugewerbe 30,7 Prozent und im Gesundheits- und Sozialwesen 26,8 Prozent. Im Rahmen der flexiblen Arbeitszeitregelungen sind vor allem die Teilzeitquoten kontinuierlich gestiegen und zwar von 22,9 Prozent in 2006 auf 25,8 Prozent in 2010.

Zu einer familienbewussten und flexiblen Personalpolitik gehört aber mehr als nur die Länge der täglichen Arbeitszeit. So besteht bei der Deutschen Bank beispielsweise zudem die Möglichkeit, von zu Hause aus zu arbeiten. Mit Hilfe von Zeitwertkonten ist es zudem möglich, individuelle Auszeiten anzusparen.

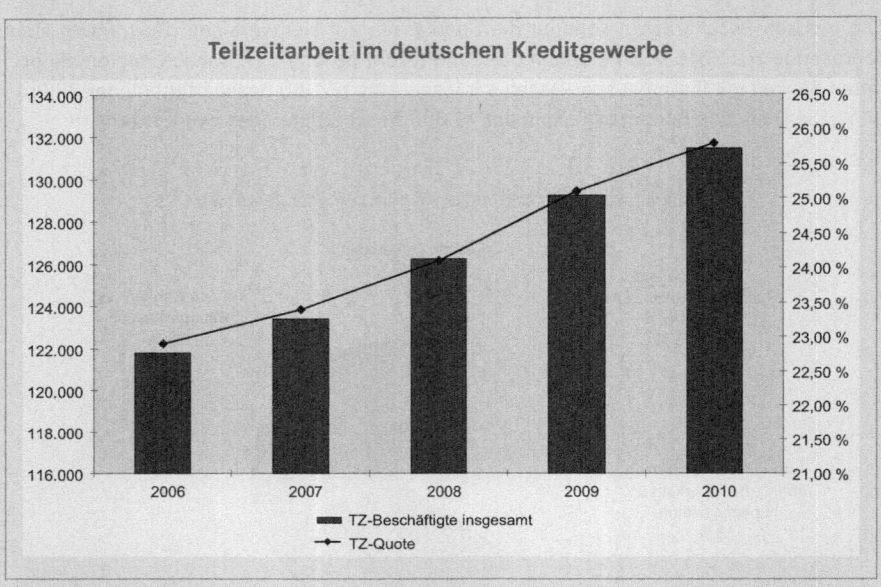

Quelle: AGV Banken

In schwierigen Ausnahmesituationen kann die Option auf eine befristete Freistellung in Anspruch genommen werden. Allerdings sind diese Lösungen nicht nur für Familien mit Kindern, sondern auch für Beschäftigte bestimmt, die kranke Angehörige pflegen. Durch die flexiblen Arbeitszeitregelungen kehren 80 Prozent der Mitarbeiterinnen und Mitarbeiter wieder aus der Pflege- oder Elternzeit in die Bank zurück, davon mehr als 90 Prozent in Teilzeitarbeitsverhältnisse.

Darüber hinaus bietet die Deutsche Bank ihren Mitarbeiterinnen und Mitarbeitern Kinderbetreuungsplätze in Krippen und Kindertagesstätten an. Auf diesem Gebiet arbeitet die Bank mit anerkannten und professionellen externen Anbietern zusammen. Die Einrichtungen zeichnen sich durch besondere Betreuungskonzepte wie zum Beispiel bilinguale Gruppen, längere Öffnungszeiten, die Nähe zum Arbeitsplatz sowie durch Betreuungsangebote ab einem Alter von acht Wochen aus. Darüber hinaus vermittelt die Deutsche Bank durch einen überregionalen Kooperationspartner auch kurzfristige Notfallbetreuungen und individuelle Betreuungslösungen wie Kinderfrauen und Tagesmütter. Ferner bietet die Deutsche Bank mit dem „Familienservice" die Beratungsleistungen einer professionellen Agentur an, die Pflegekräfte und Betreuungslösungen für alle familiären Situationen auch in Notfällen vermittelt. Angesichts ihres vielfältigen familienfreundlichen Engagements ist es daher nur zu verständlich, dass die Deutsche Bank bereits zum zweiten Mal mit dem Zertifikat „audit berufundfamilie" der Hertie-Stiftung ausgezeichnet wurde.

Diese Maßnahmen haben dazu geführt, dass der Anteil von Frauen in Führungspositionen ebenfalls kontinuierlich gestiegen ist. Im Jahr 2011 waren bereits 29,1 Prozent aller außertariflich Angestellten weiblich, im Jahr 2010 betrug dieser Wert noch 28,4 Prozent und im Jahr 2000 rund 20 Prozent.

3. Versicherungen

Neben dem Bankensektor hat auch die Versicherungsbranche eine hohe volkswirtschaftliche Bedeutung, da sie die Deckung nicht abschätzbarer Risiken übernimmt. Doch auch in diesem Sektor ist die Beschäftigungszahl in den letzten fünf Jahren kontinuierlich zurückgegangen, verharrt nun aber auf relativ konstantem Niveau. Der zunehmende Wettbewerb um Kunden und Investoren sowie erhöhte gesetzliche Anforderungen, die zu immer höheren Kosten führen, werden maßgeblich dafür verantwortlich gemacht. Konkret zählten die Unternehmen der Individualversicherung im Jahr 2011 insgesamt 215.500 Mitarbeiter. Gegenüber dem Vorjahr entspricht dies nur einem leichten Rückgang von 0,4 Prozent.

Von den 215.500 aktiven Beschäftigten in der deutschen Versicherungswirtschaft waren 160.400 im Innendienst tätig, 41.800 waren Angestellte im Außendienst und 13.300 Auszubildende. Zudem gibt es eine Vielzahl selbstständiger Versicherungsvertreter im Außendienst.

Entwicklung der Zahl der Arbeitnehmer in den Unternehmen der Individualversicherung (Angestellte des Innen- und Außendienstes, Auszubildende)

Quelle: Arbeitgeberverband der Versicherungsunternehmen in Deutschland

SPECIAL FINANZDIENSTLEISTUNGSSEKTOR

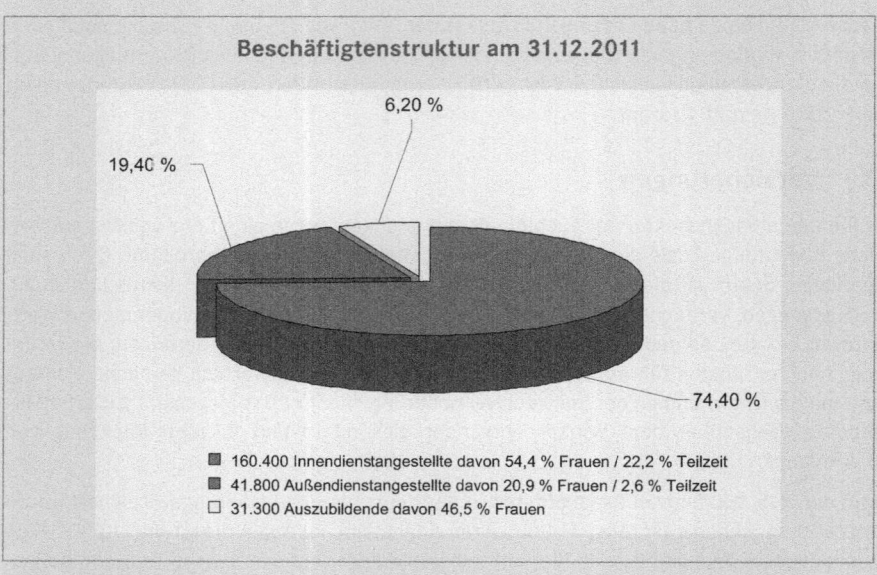

Quelle: Arbeitgeberverband der Versicherungsunternehmen in Deutschland

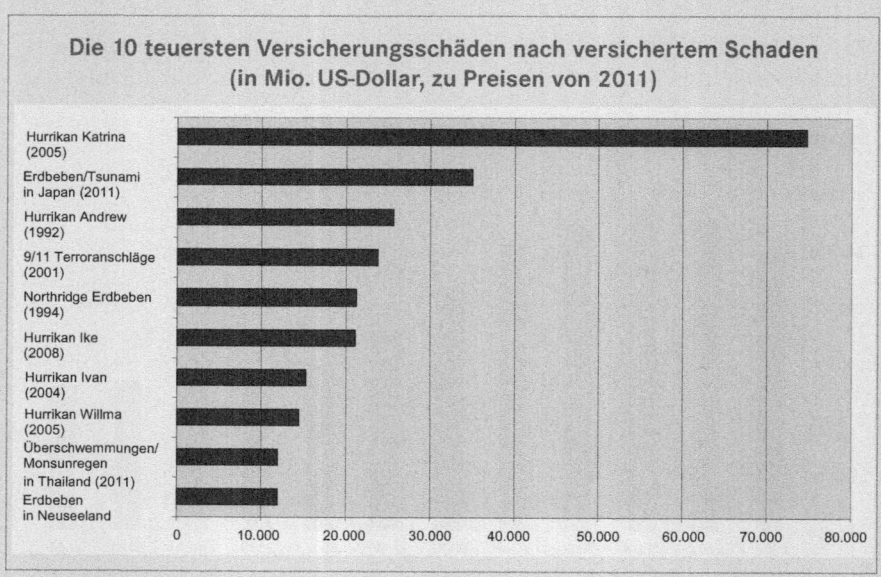

Quelle: Statista

Auch die Rückversicherer stehen derzeit unter Druck. Denn Experten zufolge muss sich die Versicherungsbranche nach dem verheerenden Erdbeben in Japan voraussichtlich auf Schäden in zweistelliger Milliardenhöhe einstellen, nachdem bereits das Erdbeben in Neuseeland die Branche stark belastet hat. Einer jüngst veröffentlichten Studie der Ratingagentur Moody's zufolge, haben die Belastungen allerdings die größten Rückversicherer der Welt zu tragen. In diesem Zusammenhang wurden die Rückversicherer Münchener Rück und Hannover Rück sowie der Schweizer Rückversicherer Swiss Re genannt.

Für Hochschulabsolventen stellen Rückversicherungsunternehmen eine sehr interessante Adresse dar, denn das weltweite Geschäft der Rückversicherer wird immer komplexer und damit anspruchsvoller. Die Berufsaussichten gerade für Mathematiker oder auch Wirtschaftswissenschaftler sind daher derzeit besonders gut.

4. Weitere Finanzdienstleistungen

Zu den weiteren Finanzdienstleistungen zählen unter anderem die freie Anlagevermittlung und -beratung, die Finanzportfolioverwaltung, das Sortengeschäft oder auch das Finanzierungsleasing. Nach Angaben des Verbands geschlossene Fonds (VGF) haben die freien Vertriebe im Jahr 2011 insgesamt 1,6 Milliarden € bei den Anlegern platzieren können. Mit einem Anteil von 33 Prozent am gesamten Vertrieb nahmen die freien Vertriebe damit den zweiten Platz unter den führenden Vertriebswegen ein. Den ersten Platz belegten allerdings nach wie vor die Banken mit einem platzierten Volumen von 2,6 Milliarden € oder einem Marktanteil von 54 Prozent. Hinzu kamen der Direktvertrieb der Fondsanbieter mit 0,306 Milliarden € und die sonstigen Vertriebswege mit 0,286 Milliarden €.

Da Kunden in den vergangenen Jahren von freien Vermittlern immer wieder falsch beraten wurden, gelten seit dem 01.01.2013 für freie (gewerbliche) Finanzanlagenvermittler klare Rahmenbedingungen für die Berufsausübung. So wurde mit dem neuen § 34f GewO ein eigenständiger Erlaubnistatbestand für die Berufsausübung der freien Vertriebe geschaffen. Zudem wurden die anlegerschützenden Wohlverhaltenspflichten des WpHG auf gewerbliche Vermittler übertragen. Damit müssen diese zukünftig die Informations-, Beratungs- und Dokumentationspflichten erfüllen, die bisher nur für Banken und Sparkassen gegolten haben. Auch wird der Vertrieb durch freie Vermittler zukünftig der Aufsicht der Gewerbeämter unterliegen. Das Berufsbild der freien Vermittler bedarf somit zukünftig einer besonderen Qualifikation.

Vielfältige Karrieremöglichkeiten bieten sich auch im Bereich der Finanzportfolioverwaltung (Vermögensverwaltung, Asset Management). Vermögensverwalter haben unter anderem die Aufgabe, die Portfolien wohlhabender privater Kunden unter Berücksichtigung der spezifischen Risikoneigung und Bedürfnisse zu optimieren.

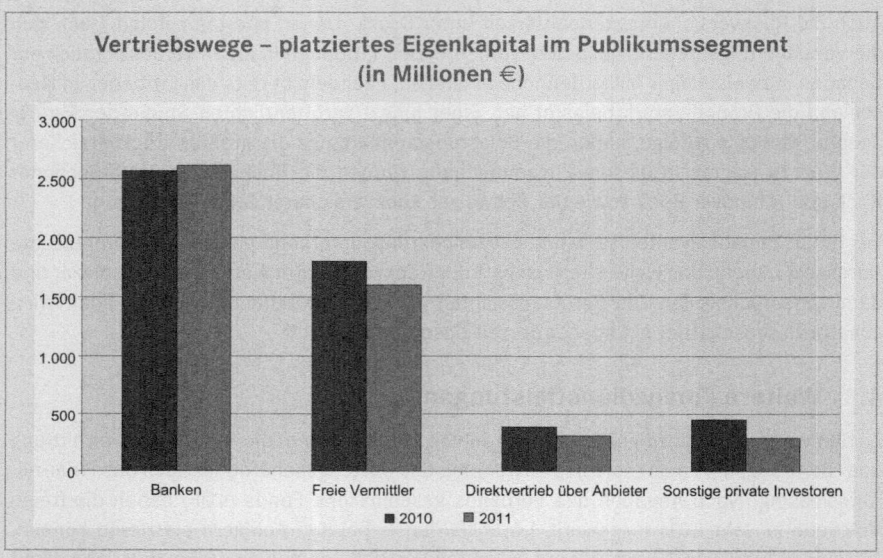

Quelle: VGF Verband geschlossene Fonds

Dem im Jahr 1997 gegründeten Verband unabhängiger Vermögensverwalter Deutschland (VuV) gehören derzeit 222 Mitglieder an. Diese haben einen sehr hohen Ausbildungsgrad: Die Mehrheit von 40 Prozent besitzt einen Universitätsabschluss. 27 Prozent verfügen über eine Ausbildung an einer Berufs- oder Fachakademie, 21 Prozent haben eine Banklehre absolviert und elf Prozent können einen Fachhochschulabschluss vorweisen. Insgesamt 85 Prozent der unabhängigen Vermögensverwalter war vorher in der Vermögensverwaltung einer Bank oder Sparkasse tätig. Experten erwarten, dass trotz hoher administrativer Anforderungen und Kosten die Zahl der unabhängigen Vermögensverwalter in den kommenden Jahren ansteigen wird. Als maßgeblicher Grund hierfür werden die während der Finanzmarktkrise unzureichenden Beratungsleistungen vermögender Privatkunden durch einige Banken genannt.

Sehr bedeutsam in Deutschland ist auch die Leasing-Branche. Sie gilt als größter Investor und hat nach Angaben des Bundesverbandes Deutscher Leasing-Unternehmen (BDL) in 2012 ein jährliches Investitionsvolumen von 49,3 Milliarden € generiert. Insgesamt wurden 1,6 Millionen Leasing-Verträge neu abgeschlossen. Zu den Leasing-Kunden zählen hauptsächlich mittelständische Unternehmen, die sich insbesondere für das Leasing von Straßenfahrzeugen, Produktionsmaschinen sowie Büromaschinen und IT interessieren. Das Leasing von Straßenfahrzeugen stieg im Jahr 2012 um zwei Prozent, das Leasing von Produktionsmaschinen verzeichnete angesichts des eingetrübten Konjunkturklimas hingegen ein Minus von 2,4 Prozent. Ebenso das IT-Leasing, dessen Neugeschäft sich in 2012 um 6,1 Prozent reduzierte.

4. Arbeitsmarkt und Branchenübersicht

„*Robust*" – so beschreibt die Agentur für Arbeit (BA) den Arbeitsmarkt 2012. Seit 1991 lief es nicht mehr so gut. Mit einer kleinen Relativierung: Zum Jahresende 2012 geriet der deutsche Arbeitsmarkt doch noch in den Sog des europaweiten Wirtschaftsabschwungs. Die BA meldete im Dezember 2,84 Millionen Arbeitslose und damit 88.000 mehr als im November und 60.000 mehr als Ende 2011. Die Arbeitslosenquote stieg auf 6,7 Prozent und die Anzahl der offenen Stellen nahm ab. Ende 2012 gab es noch 421.000 offene Positionen und damit 47.000 weniger als vor einem Jahr.

Doch insgesamt betrachtet war 2012 auch das Jahr der „Jobwunder". Im Jahresdurchschnitt waren rund 2,897 Millionen Menschen arbeitslos, 79.000 weniger als im Vorjahr. Noch weniger waren es 1991 mit 2,6 Millionen – in Zeiten des Booms zur Wiedervereinigung.

Folglich nahm auch die Erwerbstätigkeit zu: Im Vergleich zu 2011 stieg die Zahl der Erwerbstätigen mit Wohnort in Deutschland um 416.000 auf 41,5 Millionen. Mitte 2007 waren es beispielsweise noch unter 40 Millionen. Das heißt: Nie waren so viele Menschen in Deutschland erwerbstätig wie 2012. Seit 2005 stieg die Zahl um 2,66 Millionen. Besonders stark legten sozialversicherungspflichtige Jobs zu: plus 410.000. Sie machen mit 37 Millionen weiterhin die Mehrheit aus.

Auf dem Arbeitsmarkt besonders gesucht werden nach wie vor Fachleute in den Bereichen Mechatronik, Energie und Elektro, Metall, Maschinen- und Fahrzeugbau, Verkehr und Logistik, Verkauf und Gesundheit.

Erwerbspersonen, Erwerbslose und Erwerbstätige mit Wohnort in Deutschland[1] (Personen in 1.000/prozentuale Veränderung)

Jahr	Erwerbs-personen		Erwerbslose[2]		Erwerbstätige Inländer					
					insgesamt		Arbeitnehmer		Selbstständige[3]	
1991	40.932		2.159		38.773		35.209		3.564	
2007	43.392	+0,1	3.601	-15,2	39.791	+1,7	35.293	+1,8	4.498	+0,9
2008	43.433	+0,1	3.136	-12,9	40.297	+1,3	35.817	+1,5	4.480	-0,4
2009	43.551	+0,3	3.228	+2,9	40.323	+0,1	35.853	+0,1	4.470	-0,2
2010	43.512	-0,1	2.946	-8,7	40.566	+0,6	36.073	+0,6	4.493	+0,5
2011	43.618	+0,2	2.502	-15,1	41.116	+1,4	36.577	+1,4	4.539	+1,0
2012	43.872	+0,6	2.340	-6,5	41.532	+1,0	36.987	+1,1	4.545	+0,1

1 Jahresdurchschnitte.
2 Ergebnisse der Arbeitskräfteerhebung (Mikrozensus) gemäß Labour-Force-Konzept der Internationalen Arbeitsorganisation (ILO); Personen in Privathaushalten im Alter von 15 bis 74 Jahren.
3 Einschließlich mithelfende Familienangehörige. Veränderung gegenüber dem entsprechenden Vorjahreszeitraum in Prozent.

Quelle: Destatis. Bundesamt für Statistik. Stand 1/2013

Arbeitsmarkt nach Branchen

Der Blick auf die Entwicklung der einzelnen Branchen in 2012 bringt unterschiedliche Befunde: So bleibt die Zahl der Erwerbstätigen in Land- und Forstwirtschaft unverändert. Die Zahl der Mitarbeiter in Finanz- und Versicherungswirtschaft ist ebenfalls konstant. Die Bauwirtschaft wiederum stellt 10.000 neue Mitarbeiter ein und wächst damit um 1,3 Prozent. Auffällig ist auch, dass Wirtschaftszweige stärker werden, die weniger im Rampenlicht stehen, wie beispielsweise das verarbeitende Gewerbe (plus 50.000 Mitarbeiter). Überraschend ist, dass etwa die medial wahrgenommene Relevanz einer Branche nicht unbedingt mit Personalstärke einhergehen muss. Die Energieversorgung wächst zwar um 35.000 Jobs, bleibt aber mit 370.000 Jobs gegenüber Gastgewerbe (ca. 1,5 Millionen Jobs), Verkehr/Logistik (1,9 Millionen), Gesundheit (fünf Millionen) oder Öffentliche Verwaltung (2,8 Millionen) eher klein.

Zu beachten ist bei derartigen Vergleichen, dass die notwendige Qualifikation der Mitarbeiter nicht betrachtet wird. In manchen Branchen ist die Zahl der hochqualifizierten Mitarbeiter überproportional höher als in anderen. Gleiches gilt für Unterbeschäftigung oder Teilzeit. Beide (oft kritisierten) Arbeitsformen erhöhen die Zahl der Erwerbstätigen. Auffällig: Die Zahl der Selbstständigen lag 2011 bei einem All-Time-High von 4,4 Millionen. Sie nahm in den vergangenen zehn Jahren um 800.000 zu, bleibt aber 2012 ohne Plus. Die Zahl der Beamten sank im gleichen Zeitraum um 180.000, die der Angestellten wuchs um über vier Millionen.

Ausblick

2012 resultierte das wirtschaftliche Wachstum in Deutschland hauptsächlich aus dem Export, nicht aus der Inlandsnachfrage, so der Sachverständigenrat zur Begutachtung der gesamtwirtschaftlichen Entwicklung. Für 2013 prognostizieren die Experten eine leichte Belebung – keine Rezession, aber auch keine Dynamik. Primär sollen Konsum und Investitionen aus dem Inland für Wachstum sorgen. Der Arbeitsmarkt bleibt dabei intakt, ohne jedoch die bestehende Arbeitslosigkeit zu reduzieren. Die Eurokrise sorgt für leichte Zurückhaltung bei Unternehmen, so auch die Konjunkturumfrage der Deutschen Industrie- und Handelskammer (DIHK) im Herbst 2012: Nur 18 Prozent der Unternehmen erwarten bessere Geschäfte. Im Frühsommer waren es noch 25 Prozent.

Arbeitsmarkt für Wirtschaftswissenschaftler

Der Teilmarkt für Wirtschaftsberufe setzt leicht positive Zeichen, so die Studie „Staufenbiel JobTrends Deutschland 2012". Ein Drittel der hier befragten Unternehmen geht von einem steigenden Absolventenbedarf bei Wirtschaftswissenschaftlern aus. Sechs von zehn Personalern indes vermuten eine stagnierende, jeder zehnte eine rückläufige Bedarfsentwicklung. Etwa drei Viertel der befragten Unternehmen wollen Wirtschaftsabsolventen einstellen. Im Finanzsektor, in Consulting- und Dienstleistungsbranchen sind sie begehrt. Ebenfalls gefragt: Ingenieure und Informatiker. Ihnen stehen nicht nur die Stammbranchen Maschinen- und Anlagenbau, IT und Telekommunikation offen, sondern auch das Consulting. Im Dienstleistungssegment entspricht die Nachfrage nach Informatikern mit 71 Prozent beinahe der nach Wirtschaftswissenschaftlern (77 Prozent). Im Maschinen- und Anlagenbau liegen Wirtschaftswissenschaftler und Informatiker mit 68 Prozent gleichauf. Juristen haben abgesehen vom Kanzleimarkt die besten Chancen im Bereich Banking und Finance, Sozial- und Geisteswissenschaftler werden am stärksten in der Dienstleistungsbranche nachgefragt.

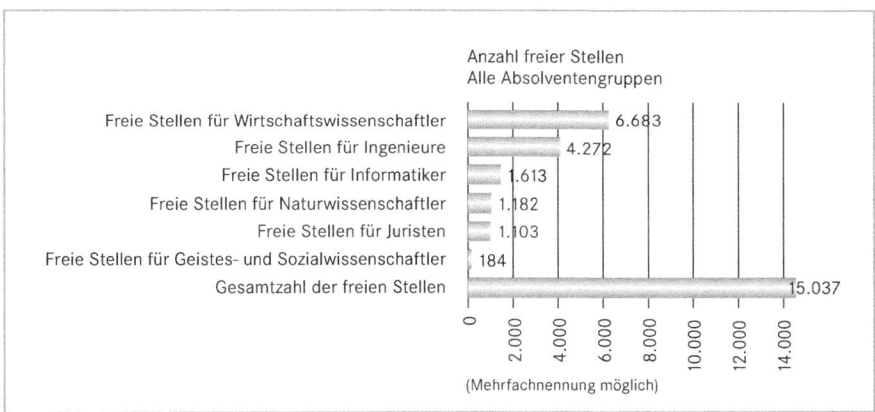

Quelle: Staufenbiel Jobtrends 2012

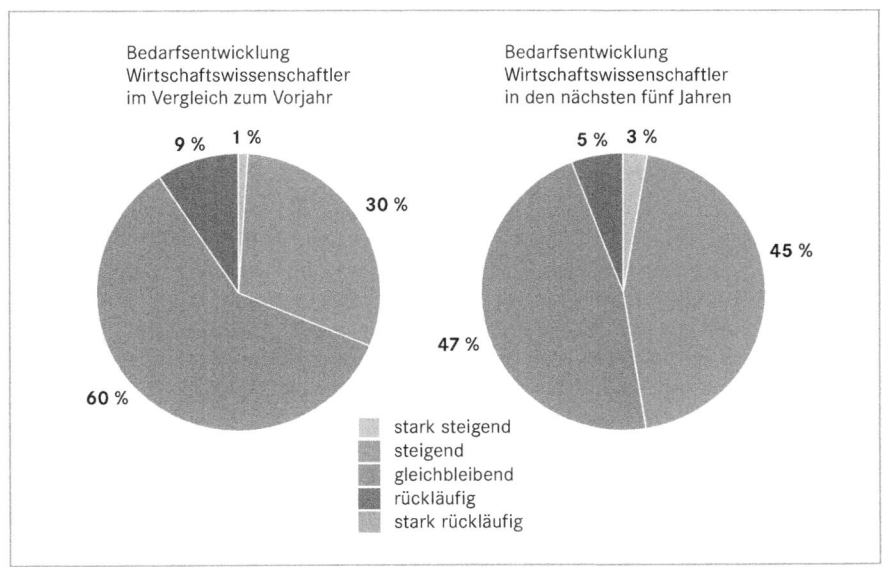

Quelle: Staufenbiel Jobtrends 2012

Für den akademischen Nachwuchs haben Online-Recruiting und -Bewerbung hohe Bedeutung. So macht sich die konjunkturelle Dämpfung nicht nur in der konventionellen Vermittlung bemerkbar, sondern auch das Online-Recruitment registriert sie. So notiert etwa das Jobportal Monster im Employment Index Deutschland im November 2012 einen Rückgang zum Vorjahr von fünf Prozent.

„Als Reaktion auf die Entwicklungen in der Eurozone verzeichnet nun auch Deutschland – zum ersten Mal seit 31 Monaten – im Vergleich mit dem Vorjahr einen Rückgang in der Online-Personalnachfrage", so Bernd Kraft, Vice President General Manager Central Europe bei Monster.

4.1 Automotive

INTERVIEW:

Drei Fragen an **Professor Dr. Ferdinand Dudenhöffer**, Inhaber des Lehrstuhls für Allgemeine Betriebswirtschaftslehre und Automobilwirtschaft, Fakultät Ingenieurswissenschaften, Universität Duisburg-Essen

„**Unternehmenskontakte während des Studiums zahlen sich aus."**

Wie bewerten Sie im Rückblick 2012 den Arbeitsmarkt für Akademiker im Bereich Automotive?
Insbesondere bei den Ingenieuren war der Markt sehr gut. Entwicklungsdienstleister, Autobauer und Zulieferer hatten eine hohe Nachfrage nach Ingenieuren.

Wie fällt Ihre Sicht auf den Arbeitsmarkt von Morgen aus?
Die Jahre 2013 und 2014 werden Jahre der Stabilisierung und mit wenig Wachstum sein. Das macht sich am Arbeitsmarkt bemerkbar. Die Gewinner sind die Absolventen, die eine längerfristige Verbindung mit Unternehmen schon in der Studienzeit aufgebaut haben. Bei den Autobauern, Zulieferern und Entwicklungsdienstleistern gewinnen in 2013 und 2014 also die Studenten, die sich mit Unternehmen seit längerer Zeit bekannt gemacht haben. Dies ist übrigens eins der Ziele unserer jährlichen Karriere-Messe CAR-connects, bei der über 100 Unternehmen sich mit den Absolventen und Studenten austauschen. Jeder kann kostenlos Unternehmenskontakte knüpfen: www.uni-due.de/car. Schauen wir fünf Jahre voraus, spürt man das Wachstum im weltweiten Automobilmarkt auch an der Nachfrage nach Absolventen. Für Ingenieure des Maschinenbaus, der Elektrotechnik, der Informationswissenschaften gibt es die meisten Angebote. Aber auch Einkäufer, Controller und Produktionsspezialisten sind im weltweiten Geschäft gefragt. Hier gilt allerdings die internationale Mobilität als Qualifikationskriterium.

Welche Schwerpunkte werden Treiber des akademischen Arbeitsmarktes sein?
Powertrain-Entwicklungen blieben wegen der immer strenger werdenden Verbrauchsvorschriften ein Megathema. Zusätzlich gelten Software-Entwicklung, autonomes Fahren und neue Sicherheitsfeatures als großer Wachstumstreiber. Für die Vision der Autobauer „unfallfreies Fahren" werden noch viele Entwickler und Softwarespezialisten gebraucht. Fachkräfte-Engpässe haben wir in der Entwicklung und im Einkauf. Bei Produktion und den betriebswirtschaftlichen Fachrichtungen gibt es eher einen Fachkräfteüberschuss. Nach meiner Einschätzung ist es wichtig, sich früh industriespezifisches Know-how anzueignen. Bei unserer Wirtschaftsingenieursausbildung im Masterprogramm haben wir daher eine klare Branchenfokussierung auf die Automobilindustrie vorgenommen.

Keine rasante Beschleunigung, aber auch kein Bremsvorgang: Der Verband der deutschen Automobilindustrie (VDA) sah 2012 sowohl Licht (in den USA und China) als auch Schatten (in Westeuropa). Dabei können deutsche Autobauer vom Pkw-Weltmarkt, der 2012 um rund vier Prozent auf gut 68 Millionen Fahrzeuge wächst und 2013 die 70-Millionen-Marke erreicht, überdurchschnittlich profitieren. Die größte Autokauf-Nation sind die US-Amerikaner mit einem für 2013 erwarteten Plus von zwölf Prozent auf 14,3 Millionen Neufahrzeuge, prognostiziert der Verband der deutschen Automobilindustrie. Indien und Russland werden mit einem Plus von sieben Prozent auf knapp drei Millionen Autos wachsen. Insgesamt werden weltweit ein Fünftel aller Autos von deutschen Herstellern produziert. In Westeuropa ist das Wachstum auf Grund der Eurokrise gebremst. Die Zahl der verkauften Pkws sackt 2012 um etwa eine Million auf 11,7 Millionen ab. Im Drei-Jahres-Vergleich sind das fast zwei Millionen weniger. In Italien wurden 2012 knapp 1,4 Millionen neue Autos zugelassen: 900.000 weniger als im Durchschnitt. Frankreich: 1,9 Millionen, 400.000 weniger als 2009.

Inlandsmarkt und Export
Auf deutschen Straßen herrscht weiter Freude am Fahren. 2012 glänzten etwa 3,1 Millionen neue Pkws. Das ist zwar ein Minus von zwei Prozent, doch Arbeitsplätze kostet dieser Verlust (noch) nicht. Im mittelfristigen Trend könnte sich das allerdings ändern, denn es gehen immer weniger Neufahrzeuge an Privatkäufer. 2010 waren es 43 Prozent, zwei Jahre später 39 Prozent. Gewerbliche Zulassungen machen gut 60 Prozent der Neuzulassungen aus. Der Firmenwagenanteil lag 2012 bei über 30 Prozent. Dabei fahren bei etwa einer Million Firmenwagen keineswegs Oberklasse-Limousinen vorneweg. Mit Stern oder den Vier Ringen sind 1,5 Prozent unterwegs, so der VDA. Rund die Hälfte seien Klein- und Mittelklasseautos.

Die Produktion im Ausland wuchs auch 2012 weiter: um acht Prozent auf 7,7 Millionen Fahrzeuge. Sie liegt seit 2010 über der Anzahl der im Inland produzierten Fahrzeuge. Hier rollten 2012 5,4 Millionen (minus drei Prozent) vom Band, davon über 4,1 Millionen weiter ins Ausland. Das hat Folgen für den Arbeitsmarkt. Die deutsche Automobilindustrie beschäftigt rund 748.700 Mitarbeiter (Stammbelegschaften). Das sind 18.700 Arbeitsplätze mehr als 2011. Davon entfallen auf Autohersteller rund 424.000 Mitarbeiter (plus 14.000),

Zulieferer 293.600 (plus 4.400), Anhänger- und Aufbautenhersteller 31.200 Mitarbeiter (plus 300). Dabei demonstriert die Branche, was auch andere fokussieren: High-Tech im Inland, Massenproduktion im Ausland. So stieg in den vergangenen zehn Jahren der Premiumanteil an der Inlandsfertigung von 48 Prozent auf 57 Prozent. Allein bei den Herstellern hängt mehr als jeder zweite inländische Arbeitsplatz an Premium.

Ausblick: Angesichts der über 50 Milliarden € Steuern, die deutsche Autofahrer um ihre Wagen zahlen, warnt der VDA vor einer weiteren Belastung. Das gilt gleichermaßen für eine Pkw-Maut, die Erhöhung des Diesel-Steuersatzes und für eine verschärfte Besteuerung der Privatnutzung von Firmenwagen. Vielmehr müsste der Absatz von Elektromobilen steuerliche Impulse bekommen. Doch hier entwickle der Staat nicht ausreichend Schub, um für 2012 das Ziel von einer Million E-Pkw auf dem Markt zu realisieren und neue Jobs anzusteuern. Die Autowirtschaft ihrerseits gibt, so der VDA, allerdings Gas bei Elektro: Bis 2014 kommen 15 serienreife E-Modelle auf den Markt.

4.2 Bauwirtschaft

INTERVIEW:

Drei Fragen an **Felix Pakleppa**, Hauptgeschäftsführer Zentralverband Deutsches Baugewerbe, Berlin

„Junge Bauingenieure haben sehr gute Beschäftigungschancen."

Wie bewerten Sie die konjunkturelle Lage und den Arbeitsmarkt im Baugewerbe?

Wir sind optimistisch, was die konjunkturelle Entwicklung angeht: Wir gehen von einem Umsatzwachstum von 2,3 Prozent in 2012 aus. Für 2013 könnte die Bauwirtschaft mit drei bis bestenfalls vier Prozent noch stärker wachsen, wenn die sich im Wirtschaftsbau abzeichnenden Frühindikatoren zum Tragen kommen. Dies ist der größte Unsicherheitsfaktor unserer Prognose. Die insgesamt positive Entwicklung bedeutet auch, dass wir mehr Menschen Beschäftigung geben können, sodass deren Zahl im Jahresdurchschnitt um 1,5 Prozent auf 745.000 ansteigen wird.

Wie fällt Ihre Sicht auf den Arbeitsmarkt für Akademiker von Morgen aus?

Die deutsche Bauwirtschaft braucht weiter und dauerhaft gut ausgebildete und hoch qualifizierte Fachkräfte. Das gilt für gewerbliches Personal gleichermaßen wie für Akademiker, hier besonders Bauingenieure. Bereits heute ist der Markt wie leer gefegt. Die Jahre der Krise haben dazu geführt, dass junge Menschen in der Bauwirtschaft keine Zukunftsbranche mehr sahen. Damit liegen sie aber falsch. Denn zum einen ist die Bauwirtschaft der größte Arbeitgeber in Deutschland und trägt mehr zum Bruttoinlandsprodukt bei als die im Fokus des öffentlichen Interesses stehenden Branchen, wie Elektro, Kfz oder Chemie. Insofern haben junge Bauingenieure sehr gute Beschäftigungschancen.

Welche Schwerpunkte oder Innovationen werden Treiber des Arbeitsmarktes der Bauwirtschaft sein?

Die Schwerpunkte werden von der Energiewende, dem demografischen Umbau sowie dem Ausbau und Erhalt unserer Infrastruktur bestimmt sein. Energieeffizienz ist das Gebot der Stunde, die wir nur erreichen, wenn wir in unseren Gebäudebestand investieren. Darüber hinaus wird Bauen und Sanieren mit Passivhaus-Standard oder mit Plus-Energie-Standard Deutschland auch technologisch voranbringen, sodass Forschung und Entwicklung, aber auch die Herstellerindustrie profitieren. Die Energiewende könnte zum Exportschlager Made in Germany werden. Der demografisch bedingte Umbau von Wohnungen, Wohngebäuden wie von Städten und Gemeinden ist ebenso dringlich. Denn mittelfristig brauchen wir bis zu drei Millionen barrierefreie Wohnungen. Dazu gehört auch der Umbau der kommunalen Infrastruktur. Denn wie will Deutschland seine führende Rolle als Wirtschaftsstandort behalten und ausbauen, wenn die Infrastruktur zusammenbricht?

Zwei Seiten einer Medaille: In vielen Großstädten klettern die Mieten und Wohnraum wird knapp. Viele fürchten eine Immobilienblase. Auf der anderen Seite wurde von Januar bis September 2012 in Deutschland der Bau von 178.100 Wohnungen genehmigt, so das Statistische Bundesamt. Das sind 6,3 Prozent mehr als in den ersten neun Monaten 2012. Damit setzt sich der seit 2010 anhaltende Trend fort. Die Genehmigungen von Einfamilienhäusern gingen jedoch leicht zurück (minus 2,6 Prozent), obwohl Euro-Krise, niedrige Zinsen und ein stabiler Arbeitsmarkt die Bauherren zufriedenstellen müssten. In den ersten neun Monaten 2012 stiegen die Auftragseingänge des Bauhauptgewerbes um 3,8 Prozent insgesamt gegenüber dem Vorjahreszeitraum. Der Gesamtumsatz betrug von Januar bis September 2012 rund 65,9 Milliarden € und lag um ein Prozent über dem Niveau der ersten neun Monate 2011. Für 2012 geht der Zentralverband des Deutschen Baugewerbes von einem Umsatzplus von 2,3 Prozent bei über 94 Milliarden Umsatz aus, davon je knapp ein Drittel im Wohnungsbau und im Wirtschaftsbau. 26,8 Milliarden entfallen auf den öffentlichen Bau. Die Umsätze in diesem Segment sinken. Sie werden jedoch vom Wohnungs- und Wirtschaftsbau (plus 6,7 bzw. 2,5 Prozent) aufgefangen – und von energetischen Baumaßnahmen stimuliert, so der Verband.

Wohnungsbau

Eine Vorausschau auf ausgewählte Bausegmente liefert das Bundesinstitut für Bau-, Stadt- und Raumforschung (BBSR). Es ist jedoch besonders bei der Prognose zu Gewerbeimmobilien zurückhaltend: Im Marktsegment „Büro" sei wachsender Leerstand festzustellen, in den Bereichen „Einzelhandel und Logistik" sinke künftig die Nachfrage nach Flächen. Der Wohnungssektor dagegen boome, so das BBSR – analog zu anziehenden Mieten und Kaufpreisen.

Ausblick: Wie bauen die positiven Prognosen den Arbeitsmarkt weiter aus? In den ersten drei Quartalen 2012 sank die Zahl der Beschäftigten zwar um 1,1 Prozent auf etwa 724.000. Doch die Baukonjunktur legt zu und damit auch die Zahl der Jobs in diesem Segment. Die Dimensionen von vor zehn Jahren (ca. 880.000) werden sicher nicht wieder erreicht. Heute sind etwa 20 Prozent kaufmännische oder technische Angestellte, knapp 70 Prozent Arbeiter. Hier zeigen sich zwei Trends. Auf der einen Seite steigt der prozentuale Anteil der Mitarbeiter bei kleineren, offenbar spezialisierten Unternehmen. Auf der anderen Seite beklagen Unternehmen einen Fachkräftemangel: 83.000 Beschäftigte scheiden in den kommenden acht Jahren aus. 10.000 Berufsanfänger braucht die Branche jährlich als Ersatz. Dabei analysiert eine Studie des F.A.Z.-Instituts für Management-, Markt- und Medieninformationen: Auch bei der Suche nach einem Job am Bau ist das Internet die wichtigste Informationsquelle. 91,3 Prozent der befragten Nachwuchskräfte suchten online.

4.3 Chemische Industrie

INTERVIEW:

Drei Fragen an **Dirk Meyer**, Geschäftsführer Bildung, Wirtschaft, Arbeitsmarkt im Bundesarbeitgeberverband Chemie (BAVC), Wiesbaden

„Der Bedarf an gut qualifizierten Nachwuchskräften bleibt hoch."

Wie bewerten Sie den aktuellen Arbeitsmarkt für Akademiker in der Chemiebranche?

Der wirtschaftliche Ausblick ist insgesamt positiv, auch wenn sich das konjunkturelle Umfeld wieder etwas eingetrübt hat. 2012 konnte die Branche einen Beschäftigungszuwachs von zwei Prozent verzeichnen. Auch Akademiker haben von dieser Entwicklung profitiert.

Wie fällt Ihre Sicht auf den Arbeitsmarkt von morgen aus?

Die Aussichten sind hervorragend. Dies gründet vor allem darin, dass die Chemie- und Pharma-Unternehmen für die Megatrends wie Energie, Mobilität, Gesundheit und Ernährung eine Schlüsselrolle wahrnehmen. Die forschungsintensive und international agierende Branche lebt von Innovationen und arbeitet schon heute an Lösungen von morgen. Deshalb sind die Unternehmen mehr denn je auf motivierte und qualifizierte Fachkräfte und Wissenschaftler angewiesen. Vorwiegend Ingenieure der Verfahrenstechnik, des Chemieingenieurwesens und der Biotechnologie werden aktuell gesucht, ebenfalls Chemiker mit Spezialgebieten wie Elektrochemie oder makromolekulare Chemie. Auch Volks- und Betriebswirte können in der Chemie-Branche Fuß fassen, ebenso Juristen mit dem Schwerpunkt Arbeits- oder Patentrecht, denn in kaum einer anderen Branche haben Innovationen einen so hohen Stellenwert wie hier.

Wie bewerten Sie das Thema Fachkräftemangel?

Unser Akademikeranteil liegt bei gut 16 Prozent – Tendenz steigend. Mit Blick auf die wirtschaftliche Entwicklung und den demografischen Wandel erwarten wir, dass der Bedarf an gut qualifizierten Nachwuchskräften hoch bleiben wird. Für die naturwissenschaftlich geprägte Chemie sind qualifizierte MINT-Akademiker (Mathematik, Informatik, Naturwissenschaften und Technik) naturgemäß von besonderer Bedeutung. Etwa zwei Drittel der Hochschulabsolventen bringen einen naturwissenschaftlichen oder technischen Abschluss mit. Chemiker bilden die Mehrheit, gefolgt von Ingenieuren. Allerdings bieten die Unternehmen auch anderen Absolventen gute Einstiegsmöglichkeiten – etwa Wirtschaftswissenschaftlern, Juristen oder IT-Spezialisten.

Ende 2012 notiert der 2012-Bericht des Verbands der chemischen Industrie (VCI) zwar, „Deutschlands drittgrößte Branche musste einem schwierigen globalen Umfeld Tribut zollen." Doch dank einer durchschnittlichen Produktpreissteigerung von 2,5 Prozent blieb der Gesamtumsatz bei 184,2 Milliarden €. Und: Das Auslandsgeschäft konnte die Inlands-Baisse kompensieren. 2013 soll die Produktion um 1,5 Prozent und der Umsatz um zwei Prozent steigen und sich positiv entwickeln.

2012 investierte die chemische Industrie 6,6 Milliarden € (plus fünf Prozent) – und setzt darauf, dass sich die Konjunktur nur kurzfristig eintrübt. Aktuell zählt die Branche rund 437.000 Mitarbeiter, das sind zwei Prozent oder 9.000 Personen mehr als 2011. Für 2013 rechnet der VCI allerdings nicht mit einer weiteren Zunahme.

Ausblick: Das optimale Einstiegsprofil je nach Berufsperspektive sieht für Dirk Meyer vom Bundesarbeitgeberverband Chemie wie folgt aus: „Nach wie vor gilt: Für Chemiker, die ihre Zukunft in der Forschung und Entwicklung sehen, ist meist Promotion und Forschungserfahrung erwünscht. Bei anderen Fachrichtungen – Naturwissenschaften, Ingenieurwesen, Betriebswirtschaft – bestehen je nach Einstiegsposition gute Perspektiven für Master- und auch Bachelorabsolventen".

ZITIERT

Dr. Gerd Romanowski, VCI-Geschäftsführer Wissenschaft, Technik und Umwelt

„Forschung wird in unserer Branche interdisziplinärer: Chemiker, Physiker, Materialwissenschaftler und Ingenieure arbeiten verstärkt zusammen, um Lösungen für die Megatrends des 21. Jahrhunderts zu entwickeln. Organische Leuchtdioden etwa senken den Energieverbrauch und schützen so das Klima. Wir forschen auch an besseren Katalysatorsystemen, um in der chemischen Produktion wertvolle Rohstoffe zu sparen und unerwünschte Nebenprodukte zu vermeiden. Große Bedeutung haben neue Arzneimittel und Therapiemethoden, denn die Menschen werden älter und möchten dabei gesund bleiben. Jeder Studierende ist gut beraten, noch stärker als bisher über den Tellerrand seines Studienfaches zu schauen."

4.4 Elektroindustrie

INTERVIEW:

Drei Fragen an **Dr. Sonja Dulitz**, Abteilung Forschung, Berufsbildung, Fertigungstechnik des Zentralverbands Elektrotechnik- und Elektronikindustrie (ZVEI), Frankfurt a. M.

„**Der Fachkräftemangel existiert wirklich.**"

Wie fällt Ihre Sicht auf den Arbeitsmarkt für Elektroingenieure aus, wenn Sie auf 2013/2014 blicken?

Der Elektroindustrie geht es sehr gut. Sie hatte 2012 einen Beschäftigungsstand in Deutschland von 848.000 Mitarbeitern. 2010 waren es 816.000. Zusätzlich zu diesem quantitativen Rekord kommt ein qualitativer. Über 20 Prozent sind Ingenieure. Für 2013 und 2014 erwarten wir weitere Einstellungen. 70 Prozent der Unternehmen planen, mehr Elektroingenieure einzustellen. Absolventen von Universitäten und Hochschulen für angewandte Wissenschaften liegen dabei fast gleich auf. Allen voran wird der Elektroingenieur gesucht, von dem es immer noch zu wenige gibt. Forschung und Entwicklung bleiben die wichtigsten Felder. Eine zunehmende Rolle spielt auch der Vertrieb von anspruchsvollen elektrotechnischen Produkten.

Wie sind die Perspektiven für Studienanfänger des Faches Elektrotechnik?

Da wir die demografische Entwicklung kennen, haben wir unser Recruitment forciert. Daher liegt die Arbeitslosenquote von Elektroingenieuren bei unter 1,6 Prozent. Wer heute vor einem Studium steht und sich für Elektrotechnik entscheidet, schaut in eine glänzende Zukunft. Aufgrund der demografischen Entwicklung – der Ingenieur in Deutschland hat ein Durchschnittsalter von 46 Jahren – wird die Nachfrage noch zunehmen. Denn der Fachkräftemangel existiert wirklich. Unsere Industrie hatte zuletzt einen Wertschöpfungsverlust von einer Milliarde Euro durch nicht besetzte Stellen. Unsere Industrie würde nicht händeringend nach Elektroingenieuren suchen, wenn der Markt gefüllt wäre.

Welche Innovationen werden Treiber des Arbeitsmarktes sein?

Ein Drittel aller Innovationen in der gesamten Industrie geht auf Impulse der Elektrotechnik- und Elektronikbranche zurück. Sie treibt die industrielle Wertschöpfung insgesamt. Das Schlüsselwort heißt: Industrie 4.0. Die Elektrotechnik- und Elektronikindustrie arbeiten schon heute an der Zukunft, um Fragen auf gesellschaftlich wie industriepolitisch bedeutsame Fragen zu geben. Auf der Agenda stehen Energieeffizienz, Medizintechnik, Smart Mobility, Smart Home. Die Branche ist auf dem Weg zur – von eingebetteten Systemen und Internettechnologien getriebenen – vierten industriellen Revolution.

4.4 ELEKTROINDUSTRIE

Die Eurokrise erreicht auch die Elektrotechnik- und Elektronikindustrie. „Leicht rückläufig" sind Produktion und Umsatz 2012, so der Zentralverband Elektrotechnik- und Elektronikindustrie e.V. (ZVEI) Ende 2012. Dennoch zeigt sich die Branche wie gehabt besonders im Ausland in guter Form: Der Export steuerte mit mehr als 160 Milliarden € auf ein neues Jahresallzeithoch zu. Die Zahl der Beschäftigten lag mit 848.000 sogar auf einem Zehnjahreshoch. Für 2013 rechnet die Branche damit, dass die Produktion wieder anzieht, nachdem sie Ende 2012 schwächelte: In den ersten drei Quartalen 2012 verbuchte die Branche neun Prozent weniger Aufträge als im Vorjahr. Während inländische Kunden ihre Bestellungen um 15 Prozent reduzierten, orderten ausländische Kunden drei Prozent weniger. Erheblich war erneut die Diskrepanz zwischen den Aufträgen aus dem Euroraum (minus acht Prozent) und denen aus dem Rest der Welt, die stabil blieben.

Ausblick: Für die Zukunft sieht sich die Branche gewappnet. Sie verfügt über Zukunftstechnologien, die Lösungen für zahlreiche nationale wie internationale gesellschaftliche Herausforderungen versprechen: Klimaschutz, Energie- und Ressourceneffizienz, (Elektro-)Mobilitätskonzepte, Sicherheit oder der Auf- und Ausbau von Infrastrukturen bei Energie, Gesundheit und Verkehr. Hierfür wird jede Mange Manpower benötigt.

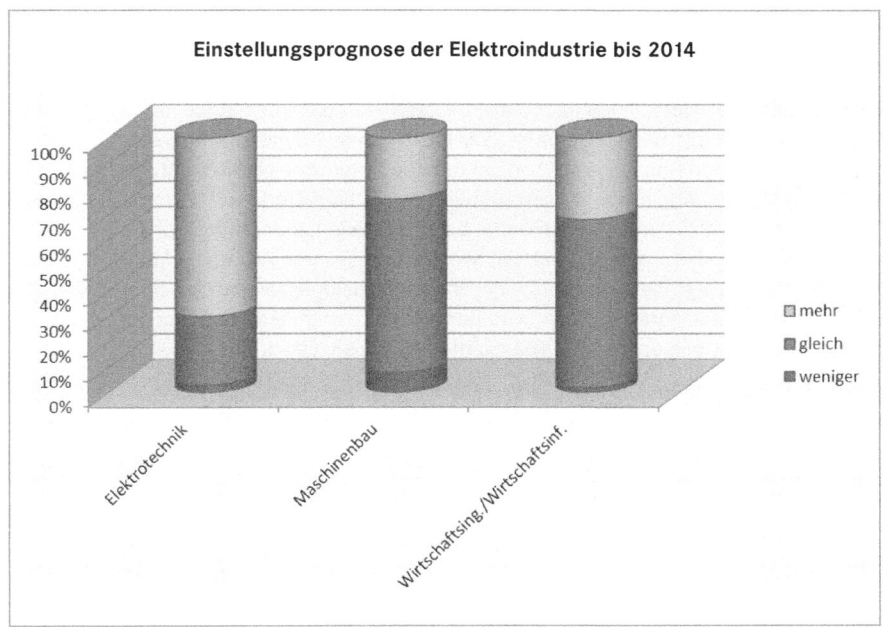

Quelle: ZVEI – Zentralverband Elektrotechnik- und Elektronikindustrie e.V. Ingenieurumfrage 2012

Special Handel: vielseitige Branche
von *Alexander Jünger*

Nach Angaben des Handelsverbands Deutschland (HDE) ist der Einzelhandel (Stand November 2012) mit 400.000 Unternehmen, 50 Millionen Kundenkontakten pro Tag und einem Umsatz von knapp 422 Milliarden € die drittgrößte Wirtschaftsbranche in Deutschland (16,4 Prozent Anteil am BIP). Der Einzelhandel versteht sich als Mittler zwischen Herstellern und Verbrauchern und beschäftigt knapp drei Millionen Mitarbeiter – teilweise mit sehr flexiblen Beschäftigungsverhältnissen. Handelsunternehmen bilden übrigens laut der aktuellen Erhebung des HDE 160.000 junge Leute in mehr als 30 Berufen aus.

1. Digitale Vertriebskanäle und ihre Auswirkungen

Die Ausbreitung des Internets und die starke Nutzung im privaten Umfeld haben für den Handel nicht nur positive Begleiterscheinungen. Zwar lässt sich ein stationärer Filialvertrieb durch die Einrichtung eines Online-Shops auch für ganz neue Zielgruppen öffnen, doch dieses Instrument steht allen Marktteilnehmern offen. Die Folge: Regionale Präsenz ist kaum mehr notwendig und eigene Offerten lassen sich über das World Wide Web auch jenseits der eigenen Landesgrenzen platzieren und so neue Absatzmärkte auftun.

Damit lassen sich für den Anbieter mehrere Probleme gleichzeitig lösen: Schließlich ist die Binnenkonjunktur hierzulande nicht die Beste. Hinzu kommen noch der sogenannte Rabatt-Wahn und das reichlich zitierte „Wir hassen teuer"-Syndrom. Also stehen die Zeichen des deutschen Handels trotz Konjunkturschwächen im eigenen Land auf Expansion, zumindest bei den Anbietern, die ihre Aktivitäten auch verstärkt auf das Ausland erweitern. Großes Potenzial versprechen dabei besonders die Länder Mittel- und Osteuropas, die durch die Erweiterung der EU inzwischen zu interessanten Absatzmärkten gewachsen sind. Was bei den Möbelherstellern oder in der Bekleidungsindustrie schon länger zur erfolgreichen Handelspraxis gehört, wird deshalb nun zunehmend auch von anderen Handelsunternehmen, wie etwa dem Lebensmittelhandel, adaptiert.

Was sich auf den Verkauf auswirkt, hat natürlich auch direkten Einfluss auf das Einkaufsverhalten im Rahmen der Beschaffung. Auch hier ist man heute sehr viel internationaler aufgestellt. Weltweit verteilte Einkaufsbüros großer Unternehmen scannen den internationalen Anbietermarkt und haben somit quasi Zugriff auf das globale Warenangebot. Der Trend zum Distanzhandel wird durch die immer noch fortschreitende Technologisierung der Handelsprozesse unterstützt. So ist es heute beispielsweise möglich, die Warenwirtschaftssysteme direkt an einen Webshop zu koppeln. Endkunden oder gewerbliche Käufer können dann in Echtzeit das Portfolio des Anbieters durchsuchen. Weitere Schnittstellen, etwa zur Logistik, erlauben es darüber hinaus, über Distanzhandel erworbene Produkte auf ihrem Weg vom Anbieter zum Endkunden nachzuverfolgen.

2. Anforderungen und Berufschancen

Nicht nur der Handel an sich, auch das Bild der im Handel Beschäftigten hat sich stark gewandelt. Weil die Handelsprozesse immer komplexer und differenzierter werden, besteht Bedarf an gut ausgebildeten Mitarbeitern. Vorbei also die Zeiten, in denen qualifizierte Fach- und Hochschulabsolventen noch einen weiten Bogen um das Verkäufertum schlugen. Das belegt eine im Auftrag des Verbands forschender Arzneimittelhersteller in Auftrag gegebene YouGov-Studie aus dem April 2012: Demnach ist der Handel die beliebteste Branche Deutschlands.

„Wer im Handel Karriere machen möchte, kombiniert Ausbildung und Fortbildung", sagte Stefan Genth, Hauptgeschäftsführer des Handelsverbands HDE, schon vor einiger Zeit. „Im Einzelhandel erwerben mit großem Abstand die meisten Führungskräfte die erforderlichen Kompetenzen über die berufliche Aus- und Fortbildung." Dies stützt eine Studie des Instituts Arbeit und Qualifikation der Universität Essen-Duisburg. Danach haben nur rund 16 Prozent der Handels-Manager ausschließlich einen Hochschulabschluss erworben, 18,5 Prozent können sowohl berufliche Qualifikationen, vor allem durch Berufsausbildung und Weiterbildung, als auch einen Hochschulabschluss vorweisen. Zwei Drittel haben sich ausschließlich durch berufliche Ausbildung und Fortbildung sowie durch betriebliche Weiterbildung und Berufserfahrung die für Führungsaufgaben erforderlichen Kompetenzen angeeignet.

Quelle: HDE

Eine gute Basis für die Karriere im Handel ist nach wie vor die Kombination einer Ausbildung zum Kaufmann oder zur Kauffrau im Einzelhandel mit der Fortbildung zum Handelsfachwirt oder zum Handelsassistenten in zweieinhalb bis drei Jahren. Berufsanfänger können sich schnell beweisen und zum Beispiel zum Marktleiter, Abteilungsleiter, später dann zum Bezirks- und Gebietsverkaufsleiter aufsteigen. Dennoch gilt auch für den Handel, dass der Akademikeranteil steigt, auch wenn die berufliche Bildung ihre sehr große Bedeutung für den Wirtschaftszweig nicht einbüßt. Im hochschulischen Bereich haben für den Einzelhandel duale Studiengänge eine herausragende Bedeutung. Theorie und Praxis miteinander zu verknüpfen, bleibt also eine zentrale Herausforderung für die handelsbezogene Ausbildung, Weiterbildung und die Studiengänge.

Höherqualifizierung im Handel erstreckt sich nach den Erkenntnissen der Studie nicht nur auf fachliche, sondern auch auf personale Kompetenzen, die traditionell einen Schwerpunkt im beruflichen Qualifizierungssystem haben. Qualifizierte Führungskräfte bleiben laut HDE also im Handel gefragt. Die Anforderungen an die Mitarbeiter steigen ständig, nicht nur in Verkauf und Kundenberatung, sondern auch bei der Sortimentsgestaltung und im Einkauf, bei logistischen Aufgaben sowie im gesamten kaufmännischen Bereich. Langfristig will die wachsende Branche zunehmend Hochschulabsolventen beschäftigen, eng mit Hochschulen zusammenarbeiten und die betriebliche Weiterbildung ausbauen.

Für die Gestaltung von Handelsbeziehungen schon immer wichtig und im Zuge der Globalisierung noch relevanter geworden sind Kenntnisse in den Rechtswissenschaften. Juristen kommen etwa in den Rechtsabteilungen der Handelsunternehmen zum Einsatz und erfüllen dort vielfältige Aufgaben. Eine weitere große Gruppe von im Handel tätigen Akademikern bilden die Techniker und Ingenieure. Letztere stehen derzeit allerorten hoch im Kurs – so auch im Handel. Hier übernehmen sie etwa die Steuerung der immer umfangreicher werdenden Informatik- und Datenverarbeitungsprozesse, alternativ sind sie bei Handelsunternehmen mit eigenen Herstellungsbetrieben in der Produktion beschäftigt. Beim Handel mit technischen Produkten finden ausgebildete Ingenieure ihre Berufung oft auch im Vertrieb oder im Service.

Vielseitig: die Arbeitsbereiche im Handel

- Bereichs-/Bezirksleitung
- Branding
- Category Management
- Content Management
- Controlling
- E-Commerce
- Einkauf/Einkaufssteuerung
- Export Management
- Filialleitung
- IT
- Key Account Management
- Kundenservice
- Logistik
- Marketing
- Mergers & Acquisitions
- Produktstrategie und -Entwicklung
- Qualitätsmanagement
- Produktion

- Finanzen
- Geschäftsführung
- Human Ressources
- Interne Unternehmensberatung
- Supply Chain Management
- Trendforschung
- Verkauf
- Warengruppen-Management

3. Nichts geht ohne Sprachen und Soft Skills

Wenn Handelsunternehmen Akademiker rekrutieren, achten sie – neben den fachlichen Kenntnissen natürlich – vor allem auf deren persönliche Fähigkeiten und Stärken, die sogenannten Soft Skills. Soziale Kompetenz, Kommunikationsstärke, Kunden- und Service-Orientierung sind naturgemäß ebenso gefragt wie Belastbarkeit, Eigeninitiative und Durchsetzungsfähigkeit. Zudem werden im globalisierten Handel Sprachkenntnisse immer wichtiger. Mindestens zwei Fremdsprachen sollten Bewerber beherrschen, wenn sie beispielsweise im Außenhandel eine Anstellung suchen, und zwar verhandlungssicher. Fließendes Englisch ist mittlerweile geradezu selbstverständlich. Weitere Aspekte wie unternehmerisches Denken, Einsatz-, Lern- und Veränderungsbereitschaft, Flexibilität, Mobilität und Eigenverantwortlichkeit runden das anspruchsvolle Anforderungsprofil ab.

4. Einstiegsmöglichkeiten

Generell setzen die meisten Handelsunternehmen ein im Branchenumfeld absolviertes Praktikum voraus. Andere bieten ihren frisch examinierten Mitarbeitern mehrmonatige Trainee-Programme an, um sie auf das konkrete Einsatzgebiet vorzubereiten und einen möglichst reibungslosen Einstieg in das Tagesgeschäft der künftigen Betätigung zu ermöglichen. Denn eins steht fest: Der Handel blüht nicht dank trockener Theorien, sondern verlangt nach marktorientierten Machern. Deshalb starten die Bewerber, die schon während ihrer Ausbildung einen hohen Praxisbezug herstellen und sich in der Praxis beweisen konnten, mit einem deutlichen Vorsprung in den Auswahlprozess. Aus diesem Grund sind auch Fachhochschul-Absolventen als Kandidaten durchaus gefragt. Vorausgesetzt werden – wie mittlerweile überall – neben einem soliden Fach- und Branchen-Know-how eine kurze Studiendauer mit guten Leistungen. Auch eine praxisorientierte Abschlussarbeit schlägt als Pluspunkt zu Buche.

4.5 Energiewirtschaft

INTERVIEW:

Drei Fragen an **Hildegard Müller**, Vorsitzende der Hauptgeschäftsführung des Bundesverbandes der Energie- und Wasserwirtschaft (BDEW), Berlin

„Die Ausbildung junger Menschen ist eine wichtige Investition in die Zukunft."

Welche Entwicklungen beobachten Sie derzeit auf dem Arbeitsmarkt der Energiewirtschaft?

Die Energiewende ist das große Zukunftsprojekt für die deutsche Wirtschaft. Das eröffnet auch technologische und ökonomische Chancen für die Wettbewerbsfähigkeit Deutschlands als Wirtschaftsstandort und Exportnation. Wir beobachten eine gesteigerte Nachfrage nach qualifiziertem Personal insbesondere in den Bereichen Erneuerbare Energien, Forschung und Entwicklung sowie bei Energieeffizienzprojekten. Das ist für Fach- und Nachwuchskräfte eine gute Nachricht – gleichzeitig stellt es Unternehmen und Einrichtungen vor die Herausforderung, keinen Fachkräfteengpass entstehen zu lassen. Die Ausbildung junger Menschen ist nicht nur eine wichtige Investition in die Zukunft, sondern auch ein Beitrag zur Übernahme gesellschaftlicher Verantwortung.

Wie fällt Ihre Sicht auf den Arbeitsmarkt für Akademiker von morgen aus?

In der Energiewirtschaft steht eine Reihe von Themen auf der Tagesordnung, die direkte Auswirkung auf den Stellenmarkt haben und deutlich mehr hochqualifizierte Fachkräfte erfordern. Die Arbeit von Ingenieuren ist dabei beispielsweise sehr wesentlich. Denn unabhängig davon, ob Strom und Wärme mit Gas, Öl, Kohle, Sonne oder Windenergie gewonnen wird: Ingenieure planen, bauen und überwachen den Betrieb von Kraft- und Wasserwerken sowie der Netze. Und sie entwickeln neue Techniken und Verfahren, um Energie noch effizienter und umweltschonender zu erzeugen und anzuwenden. Deutschland ist mittlerweile der drittgrößte Energiemarkt der westlichen Welt und der Energie- und Innovationsbedarf wächst.

Welche Schwerpunkte werden Treiber des Arbeitsmarktes sein?

Die wichtigsten Themen sind der Neubau und die Modernisierung von Kraftwerken und Anlagen zur Energieerzeugung und die weiterzuentwickelnde Energieeffizienz auf der Erzeugungsseite und im privaten und industriellen Anwendungsbereich. Darüber hinaus werden wir weitere Fachkräfte bei der Entwicklung einer intelligenten Netzinfrastruktur für die Strom, Gas- und Wärmeversorgung brauchen. Auch in der Erforschung von Speichermöglichkeiten wird sich einiges tun. Nicht zu vergessen, ist die Entwicklung von alternativen Mobilitätskonzepten, wie zum Beispiel die Elektro- und Erdgasmobilität. In der Wasserwirtschaft steht etwa die Energieeffizienz in der Abwasserentsorgung und Trinkwasserversorgung auf der Agenda. Demografischer Wandel und Klimawandel, verbunden mit einem stetig sinkenden Wassergebrauch, stellen große Herausforderungen dar.

4.5 ENERGIEWIRTSCHAFT

Mit der Energiewende bekommt die Energiewirtschaft frischen Wind. Und der weht auch auf dem Arbeitsmarkt. Das betrifft sowohl den Sektor für konventionelle Energie als auch den der Erneuerbaren Energien. In beiden Bereichen entstanden und entstehen neue Berufsbilder. Dabei geht zwar die Beschäftigung in der klassischen Energiewirtschaft, (Energieversorger, Stadtwerke) zurück. Aber die Modernisierung der Kraftwerke, der Netzausbau oder Vertrieb lösen positive Beschäftigungseffekte aus. Das Statistische Bundesamt zählt speziell für den Wirtschaftsbereich Energie- und Wasserversorgung rund 241.000 Personen (Stand: Dez. 2011). 75 Prozent (180.000 Personen) waren in der Elektrizitätsversorgung beschäftigt, Gasversorgung: 18.000 (acht Prozent), Wasserversorgung: 31.000 (13 Prozent). Auch in der Atomenergie gibt es weiterhin Jobs, trotz Ausstieg: Für technische Fachkräfte gibt es weiter Bedarf bei Wartung oder Rückbau.

Beschäftigung durch erneuerbare Energien (Anzahl der Beschäftigten in den einzelnen Segmenten)

Jahr	2009	2010
Wind	102.100	96.100
Photovoltaik	64.700	106.400
Solarthermie	13.900	11.100
Wasserkraft	7.800	7.600
Geothermie	14.500	13.300
Biomasse	68.000	60.900
Biogas & fl. Biomasse	33.900	38.000
Biomassebrennstoffe	22.800	28.500
Biokraftstoff	26.100	25.100
Summe	**333.000**	**258.500**
Beschäftigung durch öffentliche/ gemeinnützige Mittel	6.500	7.500
Summe	**339.500**	**366.000**

Quelle: AG EE-STAT (BMU)

Neue Energie – neue Jobs

Die Sicherung der Energieversorgung erfordert neue Kompetenzen. Im Mix aus zentraler und dezentraler Energieerzeugung werden, so die Prognosen, die erneuerbaren Energien wachsen. Hier liegen Beschäftigungspotentiale. Rund 370.000 Beschäftigte arbeiten in den Bereichen Photovoltaik, Solarthermie, Wind-, Geo- und Bioenergie sowie Wasserkraft. 2004 waren es 160.500 Beschäftigte. Bis 2020 sollen in Deutschland 220.000 neue Jobs entstehen, so das Portal energycareer.net. Davon wächst die Windenergie von 96.100 auf

112.000 Jobs, 20.000 im Offshore-Bereich. Die Solarthermie und Photovoltaik steigern die Zahl von 13.000 bzw. 108.000 Beschäftigten auf 200.000. Aber: Alle Prognosen sind von politischen und ökonomischen Rahmenbedingungen abhängig.

Ausblick: Die größte Anzahl der Beschäftigten verzeichnet nach wie vor der energietechnische Bereich (Energieerzeugung und -verteilung). Hier werden Ingenieure der Disziplinen Elektrotechnik, Energietechnik, Bergbau, Maschinenbau und Verfahrenstechnik gesucht. Zunehmender Bedarf besteht in den Bereichen Energieeffizienz und E-Mobility, der Querschnittstechnologie zwischen Automobil- und Energiewirtschaft. Ökonomen finden sich in Bereichen, die aufgrund des – deregulierten – Wettbewerbs stärker werden: Consulting, Energiemanagement, Vertrieb und Marketing, Energie- und Emissionshandel.

4.6 Informationstechnologie und Telekommunikation (ITK)

INTERVIEW:

Drei Fragen an **Dr. Stephan Pfisterer**, Bereichsleiter Bildungspolitik und Arbeitsmarkt, BITKOM – Bundesverband Informationswirtschaft, Telekommunikation und neue Medien e.V., Berlin

„Im ITK-Markt bewerben sich Unternehmen bei den Fachkräften – nicht umgekehrt."

Wie bewerten Sie im Rückblick 2012 den Arbeitsmarkt Informationswirtschaft und Telekommunikation (ITK) für Akademiker?

2012 war ein sehr gutes Jahr für Ein- und Aufsteiger im ITK-Bereich. Im Vorjahr nahm die Beschäftigung um 28.000 Stellen zu. Das war ein Plus von 3,3 Prozent auf 876.000. Der Anstieg 2012 fällt geringer aus, da sich im zweiten Halbjahr das konjunkturelle Umfeld etwas abgekühlt hat. Die Zahl der offenen Stellen ist dennoch gestiegen: Von 38.000 im Herbst 2011 auf 43.000 im September 2012. Sowohl die – geschätzt – 16.500 Informatik-Absolventinnen und -absolventen als auch die gut 14.500 Azubis, die ihre IT-Berufsausbildung beendet haben, sind auf einen Arbeitsmarkt getroffen, bei dem sich Unternehmen bei den Fachkräften bewerben – und nicht umgekehrt – und die meisten zwischen mehreren Jobangeboten auswählen können.

Wie fällt Ihre Sicht auf den Arbeitsmarkt von morgen aus?

Ungeachtet der Euro-Krise ist die deutsche Wirtschaft in einer stabilen Verfassung. Die ITK-Branche macht viele Branchen fit für den internationalen Wettbewerb – Mobile Business, Cloud Computing und Industrie 4.0 sind wichtige Stichworte. Die meisten Unternehmen fürchten sich nicht vor zu wenigen Aufträgen, sondern bangen um ausreichend qualifizierte Fachkräfte. Die Zahl der Hochschulabsolventen steigt zwar an, der höhere Bedarf an akademisch qualifizierten Fachkräften und der steigende Ersatzbedarf garantieren jedoch einen aufnahmefähigen Arbeitsmarkt. Deutschland benötigt sogar zusätzliche Fachkräfte aus dem Ausland, auch wenn diese die inländischen Nachwuchskräfte nur ergänzen können. Selbst in Jahren mit den bisher höchsten Zuwanderungszahlen lag deren Anteil an Neueintritten in den ITK-Arbeitsmarkt nie über zehn Prozent. Fazit: Wer heute ein IT-Studium aufnimmt, kann sicher sein, bei erfolgreichem Abschluss auf rege Nachfrage und attraktive Arbeitsbedingungen zu treffen.

Welche Schwerpunkte und Entwicklungen sind Treiber des akademischen Arbeitsmarktes?

Unternehmen, die offene Stellen derzeit nicht besetzen können, suchen in erster Linie Software-Entwickler und -Architekten, daneben stehen IT-Berater und Spezialisten für technisch fundiertes Marketing und den Vertrieb hoch im Kurs. Die Bitkom-Arbeitsmarkt-Studie 2012 hat Schwerpunkte auf dem Arbeitsmarkt identifiziert. Demnach stellen betriebswirtschaftliche Anwendungen das größte Beschäftigungssegment dar, auch wenn die öffentliche Diskussion eher von den Themen auf den nächsten Plätzen beherrscht wird: Cloud Computing, Social Media und Mobile Applications. IT-Sicherheit rangiert sogar an zweiter Stelle: Hier handelt es sich um ein Querschnittsthema, das sowohl für die Datenwolke als auch für mobile Dienste eine entscheidende Rolle spielt. Bitkom geht davon aus, dass auch in den nächsten Jahren diese Bereiche die wichtigsten Treiber für den ITK-Arbeitsmarkt sein werden.

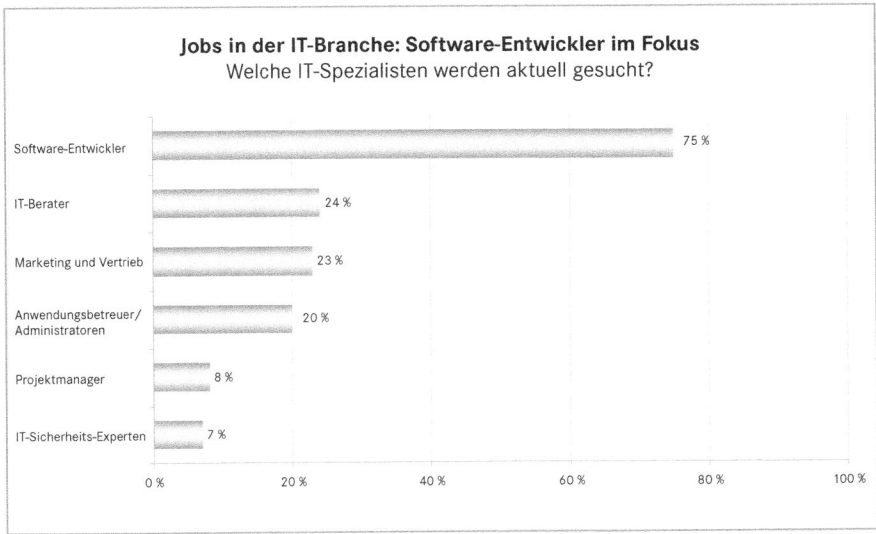

Quelle: BITKOM, Basis: ITK-Unternehmen mit mindestens einer offenen IT-Stelle

IT-High-Tech im Höhenflug

Während einige Branchen die konjunkturelle Dämpfung Ende 2012 spüren, hebt die clickeconomy ihre Prognose an. Der Umsatz mit Produkten und Diensten der Informationstechnologie, Telekommunikation und Unterhaltungselektronik stieg 2012 um 2,8 Prozent auf 152 Milliarden €. Im Frühjahr waren es noch 1,6 Prozent. Die Branche profitiert sowohl vom Privatverbraucher als auch von der Industrie. Die einen kaufen Tablets, die anderen investieren in neue Geräte und Lösungen – auch um Arbeitsprozesse mit IT-Technologie krisenresistenter und effizienter zu gestalten. Der Bundesverband Informationswirtschaft, Telekommunikation und neue Medien e.V. BITKOM wertet diesen positiven Trend als „stabilisierend für die Gesamtkonjunktur".

Dabei prosperieren die Segmente unterschiedlich: Die Informationstechnologie wächst um 2,3 Prozent auf 72,8 Milliarden €. Der Softwaremarkt legt um 4,4 Prozent auf 16,9 Milliarden € zu. IT-Dienstleistungen wie Outsourcing und Wartung steigen um 2,1 Prozent auf 34,9 Milliarden €. Der Hardwaremarkt verzeichnet ein Plus von 1,1 Prozent. Highlight: Der Umsatz mit Tablet-Computern klettert um 41 Prozent auf 1,6 Milliarden €. Der Umsatz der Telekommunikation steigt um 3,4 Prozent auf 66,4 Milliarden €. Wie bei der Hardware ist auch hier eine neue Gerätegattung verantwortlich für den Boom: Smartphones mit einem Umsatzplus von 45,7 Prozent auf 7,9 Milliarden €. Sieben von zehn in Deutschland verkauften Mobiltelefonen sind mittlerweile Smartphones. Für 2013 geht der BITKOM von einem Wachstum des deutschen ITK-Marktes um 1,6 Prozent auf 154,3 Milliarden € aus.

Die Umsatzzahlen sorgen für Impulse auf dem Arbeitsmarkt. 2011 waren in der ITK-Branche 876.000 Personen beschäftigt. Das ist ein Anstieg um 3,6 Prozent oder 28.000 zum Vorjahr. 2012 erwartete der BITKOM einen Anstieg um 1,2 Prozent auf 886.000 Beschäftigte. Im Herbst 2012 gab es rund 43.000 offene Stellen für IT-Experten, 5.000 mehr als im Vorjahr (plus 13 Prozent). In drei Jahren verdoppelte sich damit die Zahl der unbesetzten Stellen (plus 23.000). Die eingetrübten Wachstumsaussichten haben, so der Verband, noch keine Folgen für den IT-Arbeitsmarkt. Der Fachkräftemangel bleibt.

Jedes zweite Unternehmen (50 Prozent) gibt an, dass IT-Spezialisten fehlen: Drei Viertel der ITK-Unternehmen mit Vakanzen suchen Softwareentwickler. Jeweils etwa ein Viertel sucht IT-Berater, Marketing- und Vertriebsspezialisten, Anwendungsbetreuer und Administratoren. Besondere Nachfrage gibt es beim Thema Social Media. Der Boom bei Tablets und Smartphones schlägt auf den Arbeitsmarkt durch. Weitere 25.000 freie Stellen gibt es bei Anwendern von ITK-Lösungen. 79 Prozent suchen Administratoren und Anwendungsbetreuer. 24 Prozent suchen IT-Berater.

Besonders gefragt: IT-Berater

In schlechten Zeiten führen Unternehmen oft neue IT ein, um Kosten zu sparen. Das macht die IT-Branche krisenresistenter als andere. Seit 2006 nahm der IT-Bereich um 74.000 Arbeitsplätze auf 625.000 zu. Die größte Nachfrage besteht nach Softwareentwicklern. Schon auf Platz zwei der gesuchten IT-Experten folgen IT-Berater. Hier sind Wirtschaftswissenschaftler, Wirtschaftsinformatiker, Wirtschaftsingenieure und Betriebswirte mit IT-Know-how gefragt. Der Grund: IT-Berater müssen nicht nur IT verstehen, entwickeln, einführen und warten, sondern sie auch in Prozesse einbinden und effektiv gestalten. Dabei hat die Informationstechnologie Unterstützungsfunktionen. Vorgänge müssen effizient(er) gestaltet und Anwendungen vereinfacht werden. IT-Consultants prüfen beispielsweise Workflows, mögliche Kosteneinsparungen oder Outsourcing-Modelle.

Wer zusätzliche Erfahrungen im Handel, Logistik, im Rechnungswesen, in der Energiewirtschaft, der Fertigung oder der Finanzdienstleistung mit IT-Kompetenz, etwa als SAP-Berater, mitbringt, steht vor offenen Türen und einem Einstiegsgehalt inklusive variabler Anteile bei durchaus 50.000 €. Umsteiger ohne technischen oder branchenbezogenen Background haben geringere Chancen.

Der Kienbaum-Report 2012 zur Vergütung von Fach- und Führungskräften in IT-Funktionen verzeichnet für 2012 ein Wachstum bei den Gehältern für IT-Führungskräfte und Spezialisten. Sie stiegen um durchschnittlich 3,2 Prozent. Im IT-Bereich sind Frauen unterrepräsentiert, so die Kienbaum-Studie. Während in der Gruppe der Fachkräfte 15 Prozent weiblich sind, erreichen Frauen in IT-Führungspositionen nur einen Anteil von sieben Prozent. Zudem werden Frauen in gleicher Position geringer bezahlt als männliche Kollegen.

Ausblick: Neue Perspektiven entwickeln sich für Freelancer besonders im Bereich IT-Consulting. Derzeit arbeiten etwa 80.000 freie IT-Berater, Tendenz steigend. Auch in dieser Branche schlägt der Fachkräftemangel zu, gegen den mit Recruiting-Maßnahmen vorgegangen werden soll. Der BITKOM schlägt daher eine Drei-Säulen-Strategie vor. Sie besteht aus einer Reform des Bildungssystems, einer Qualifizierungsoffensive, mit der unter anderem mehr weibliche Fachkräfte gewonnen werden können, und verstärkter Zuwanderung.

4.7 Logistik

Kaum eine Branche profitiert so von veränderten Konsumgewohnheiten wie die Logistik: Dank e-Commerce (Online-Handel) steigen Umsätze und Personalbedarf. Dabei geht es nicht nur um logistische Leistungen, wenn der Paketbote das Buch bringt. Auch zuvor waren Logistiker beteiligt. Ins Auge fallen, weil auf LKW-Planen präsent, die Großen wie DHL, Schenker, Lufthansa, Kühne & Nagel. Doch Logistik findet auch zum Beispiel in Lager- und Lieferbetrieben deutscher Häfen statt, die Tore von Ex- und Import. Faustregel: Ein Prozent Wachstum der Weltwirtschaft bringt drei Prozent Wachstum in der Logistikbranche.

In Deutschland beschäftigten rund 60.000 Logistik-Unternehmen rund 2,8 Millionen Menschen. Allein in der Metropolregion Hamburg sind es mittel- und unmittelbar 400.000. Nach Angaben der Bundesvereinigung Logistik (BVL) ist fast jeder sechste Akademiker. Und es gibt Nachholbedarf: Etwa 12.000 neue Akademiker werden jährlich gebraucht, so eine Analyse vor einigen Jahren. Andere Schätzungen gehen von einer jährlichen Unterversorgung von 3.000 bis 4.000 Logistikexperten aus. Hochschulen oder interne Qualifizierungen füllen indes nicht die Lücken in „Logistik Management" oder „Technischer Logistik".

Ausblick: Eine Umfrage unter den Mitgliedsunternehmen der BVL ergab 2011: 75 Prozent der Unternehmen haben Schwierigkeiten, offene Stellen adäquat zu besetzen. 73 Prozent erwarten durch den Fachkräftemangel bedingte Einbußen. Arbeitnehmer mit praktischer Berufsausbildung werden ebenso umworben wie Akademiker. Die Stellenangebote im höher qualifizierten Segment reichen vom Speditionsleiter über Lagerleiter bis zum Logistikleiter. Gesucht werden Ingenieure, IT-Experten oder Betriebswirte mit Schwerpunkt Supply Chain Management. Die Bereiche Einkauf und Produktion suchen ebenso wie die „klassischen" Funktionen Vertrieb und Distribution. Die Unternehmen sind jedoch selbstkritisch: „Die Karrieremöglichkeiten in der Logistik sind zu wenig bekannt". Hieran gilt es in den kommenden Jahren zu arbeiten.

4.8 Maschinenbau

„Die Aufholjagd konnte 2012 in nur drei Jahren erfolgreich beendet werden. Mit einem geschätzten Zuwachs von real zwei Prozent und einem Produktionswert von 196 Milliarden € hat die deutsche Maschinenbau-Industrie das Rekordniveau von 2008 wieder erreicht", begründete Dr. Thomas Lindner, Präsident des Verbandes Deutscher Maschinen- und Anlagenbau (VDMA) den Optimismus seiner Branche. Der Umsatz überstieg sogar den Wert von 2008. Der Maschinen- und Anlagenbau hat damit 2012 seine Umsatz- und Produktionsrekorde von 2008 zwar wieder erreicht. Die Hoffnungen auf eine Stabilisierung der Nachfrage im Jahresverlauf 2012 erfüllten sich jedoch nur bedingt: Der Auftragseingang lag in den ersten zehn Monaten vier Prozent unter Vorjahr. Aber: Für 2013 erwarten die deutschen Maschinenbauer zwei Prozent Wachstum.

Jobmaschine

2012 wurden über 30.000 neue Arbeitsplätze geschaffen. Ende September 2012 zählten 981.000 Personen zum Stamm der Maschinenbauindustrie: Der höchste Beschäftigtenstand seit 1993. Auch für den Maschinenbau ist das Humankapital eine der wichtigsten Ressourcen, die innerbetrieblich aber auch extern zu fördern sind. Aufgrund der demografischen Entwicklung befürchten die Unternehmer jedoch Engpässe, die es zu bekämpfen gilt. Angesichts dieser Situation sei die geringe Zahl erfolgreicher Studienabschlüsse in der Elektrotechnik mehr als nur ein Warnsignal, so Lindner. So brechen ihr Studium des Maschinenbaus an der Uni 53 Prozent ab, an der FH 32 Prozent. Keinen Abschluss im Fach Elektrotechnik erhalten an der Uni 53 Prozent; an der Fachhochschule sind es

36 Prozent. Aus diesem Grund setzt der Maschinenbau-Verband seine eigene Initiative dagegen. Das Leitmotiv: Mehr Quantität bei mindestens gleichbleibender Qualität. Damit sollen die Lehrkonzepte der Hochschulen besser auf die Studierenden eingehen, um genügend Nachwuchs zu bilden.

Schon vor fünf Jahren warnte die Frankfurter Allgemeine Zeitung vor einem „Kampf um die Elite". Mehr als jedes zehnte Unternehmen im deutschen Maschinenbau beklage zu wenig Fachkräfte. Ingenieure werden zwar als Allround-Talente an Universitäten ausgebildet und finden in vielen Branchen Beschäftigung. Doch in der Regel, so die FAZ, haben Automobilhersteller angesichts ihres guten Images „bessere Chancen, gute Leute zu bekommen, als mittelständische Maschinenbauer; selbst wenn diese Technik und Produkte mit höchsten Ansprüchen entwickeln." Ingenieure sind knapp. Weniger als 30.000 Absolventen verlassen pro Jahr die Hochschulen.

Ausblick: Die Maschinen- und Anlagenbaubranche benötigt im Schnitt 5.000 Ingenieure im Jahr – vor allem Maschinenbauer, Elektrotechniker, Verfahrenstechniker, Informatiker und Wirtschaftsingenieure. Der Bedarf wächst. Rund 140.000 Ingenieure und Informatiker sind in der Branche beschäftigt. Das sind 16 Prozent aller Mitarbeiter. Vor zehn Jahren waren es zwölf Prozent. Der Verein Deutscher Ingenieure (VDI) signalisiert Anfang 2011 noch 72.100 offene Stellen für Maschinenbauer und andere Ingenieure. Ein Jahr zuvor waren es 47.600. Der Dekra Arbeitsmarkt Report stellt allein für den Bereich Maschinenbautechniker in 2012 eine Vakanz von 46.000 Stellen fest.

4.9 Medien

INTERVIEW:

Vier Fragen an **Professor Michael Steinbrecher**, Journalist, ZDF-Moderator und Professor für Fernseh- und Videojournalismus am Institut für Journalistik, TU Dortmund

„Branche in Umbruchphase mit ungewissem Ausgang"

Wie bewerten Sie die Lage für Journalisten mit Blick auf Print und TV?
Fraglos befindet sich der Printbereich in einer Umbruchphase, deren Ausgang wir kaum erahnen können. Verlage haben auf die digitale Entwicklung unterschiedlich reagiert, aber inzwischen ihre Inhalte kostenlos online gestellt. Warum sollte ich eine Zeitung kaufen, wenn ich online rund um die Uhr mit aktuellen Nachrichten versorgt werde, und das kostenlos? Das ist eine Frage, die sich viele stellen. Außerdem verliert die Tageszeitung Abonnenten aus anderen Gründen. Damit verändert sich das Finanzierungsmodell und für Journalisten ändern sich die Arbeitsmöglichkeiten. Im TV-Bereich sieht die Lage sicher besser aus, auch wenn zumindest bei den Öffentlich-Rechtlichen seit einiger Zeit ein erheblicher Spardruck herrscht.

Wie fällt Ihre Sicht auf den Arbeitsmarkt mit Blick auf das Internet aus?

Offensichtlich ist, dass im Printsektor derzeit Arbeitsplätze wegfallen. Dieser Trend dürfte zunächst anhalten. Online wächst gleichzeitig nicht wie erhofft, weil hier die Anzeigenerlöse geringer sind und sich Bezahlmodelle für den Abruf von Artikeln noch nicht durchgesetzt haben. Mehrere große Zeitungen wie NZZ, Welt, Bild experimentieren mit Paywall-Systemen. Die Medienbranche blickt darauf mit Spannung, aber die Erfahrungen sind nicht sehr ermutigend. Interessant erscheint die mobile Verbreitung journalistischer Inhalte. Tablets und Smartphones sind eine Chance für den Journalismus. Die Entwicklung hängt aber davon ab, ob das Publikum bereit ist, für Apps genügend zu zahlen. Konkrete Prognosen, was die mobile Nutzung journalistischer Produkte für den Arbeitsmarkt bedeutet, liegen nicht vor.

Was sind die dominierenden Szenarien?

Schwer zu sagen, welche Szenarien dominieren – der Weg führt wohl nur über das Ausprobieren unterschiedlicher Finanzierungsmodelle. Alle Prognosen gehen davon aus, dass die Finanzierung journalistischer Produkte schwieriger wird. Das wird auch für den Arbeitsmarkt Konsequenzen haben. Daneben werden Diskussionen geführt, den Zeitungsbereich durch Steuererleichterungen, mithilfe von Stiftungen oder nach dem Vorbild des Rundfunkbeitrags zu stützen. Die Antwort hat Auswirkungen auf Arbeitsplätze.

Weniger Zeitungen, mehr Bürgerjournalisten, weniger Willensbildung?

Dass die politische Willensbildung unter dem Schrumpfen des Zeitungsangebots leidet, glaube ich zum jetzigen Zeitpunkt nicht. Das Angebot ist immer noch sehr vielfältig und die Verfügbarkeit unterschiedlicher Medienangebote war nie so groß wie im digitalen Zeitalter. Die Beteiligung von Bürgern ist zweifellos ein wichtiger Baustein, um die Relevanz des Journalismus zu festigen. Aber Bürgerjournalisten ersetzen keine professionellen Journalisten, sie ergänzen ihre Arbeit um neue Themen und Perspektiven und bringen Erlebtes und Spezialkenntnisse ein.

Neue Technologien, allen voran die Digitalisierung mit all ihren Ausprägungen verändern traditionelle Geschäftsgrundlagen der Medien: Sie bringen nicht nur neue Wettbewerber auf den Markt, sondern auch neue Formen der nun mehr interaktiven, individualisierten Massenkommunikation. Konventionelle Medien müssen sich über alle Medienkanäle darstellen. Zeitschriften, Zeitungen sowie Radiosender und TV-Sendungen haben mittlerweile alle einen Webauftritt und sind auf Facebook vertreten. Diese crossmediale Präsenz steht aktuell vor der Frage, inwiefern die traditionellen Erlössäulen wie etwa Werbung und Abo-Einnahmen sie tragen. Die Umsätze der Medienhäuser sind damit stark gefährdet. Aber: Auch die neuen Kanäle erfordern Manpower, denn der Jobmarkt ist durch die Medienkrise – abgesehen von Einzelfällen – noch nicht so stark eingebrochen wie erwartet. Der Verband der Deutschen Zeitschriftenverleger meldet beispielsweise, dass die Verlagshäuser in 2013 in puncto Einstellungen zulegen werden und fast 34.000 Mitarbeiter beschäftigen.

Zeitungsverlage jedoch stehen stärker unter Druck. Das hat Folgen für die Redakteure und Volontäre. Waren im Jahr 2000 insgesamt 15.306 bei Tageszeitungen tätig, sind es 2011 noch 12.966 (minus 15 Prozent), so das Formatt-Institut Dortmund. In den öffentlich-rechtlichen Rundfunkhäusern (TV und Radio) waren 2010 über 75.000 Menschen beschäftigt. Davon 24.687 bei den Privaten, die öffentlich-rechtlichen Sender hatten 50.720 Mitarbeiter. Im Vorjahr waren es 75.252. In dieser Zahl enthalten sind die branchenspezifisch vielen freien Mitarbeiter: Bei Privaten sind es 2010 rund 25 Prozent, bei den Öffentlich-Rechtlichen 44 Prozent.

Ausblick: Medien bieten keineswegs nur journalistische Jobs. Verlage, Radio- und TV-Stationen bieten Wirtschaftswissenschaftlern Aufgaben, die vom Management und Controlling bis zur Budgetabwicklung im Werbegeschäft gehen. Gleiches gilt für die Online-Economy, die wirtschaftswissenschaftliche Expertise nutzt, um Venture Capital oder Business-Pläne zu realisieren.

4.10 Metallgewerbe

INTERVIEW:

Drei Fragen an **Dr. Michael Stahl**, Geschäftsführer Bildung und Volkswirtschaft, Arbeitgeberverband Gesamtmetall, Berlin

„Langfristiger Trend zur Höherqualifizierung"

Wie bewerten Sie im Rückblick 2012 den Arbeitsmarkt für Akademiker im Bereich Metall?

Michael Stahl: Der langfristige Trend zur Höherqualifizierung ist ungebrochen, gleichzeitig ist die Metall- und Elektro-Industrie 2012 um über 90.000 neue Arbeitsplätze gewachsen. Vor allem Akademiker der technischen Fachrichtungen profitieren doppelt. Ein Ergebnis davon sind steigende Einkommen. Ingenieure haben beim Einstiegslohn die Wirtschaftswissenschaftler hinter sich gelassen.

Wie fällt Ihre Sicht auf den Arbeitsmarkt von morgen aus?

Die Aussichten bleiben gut, besonders für Fachkräfte im naturwissenschaftlich-technischen Bereich, denn dort fehlen schon heute in Deutschland rund 120.000 Akademiker. Und die M+E-Industrie beschäftigt rund ein Viertel aller MINT-Fachkräfte. Das wird sich mittelfristig nicht ändern. In den kommenden Jahren wird der jährliche Ersatzbedarf an MINT-Akademikern von aktuell 46.400 auf etwa 53.500 ab dem Jahr 2016 und 61.700 ab dem Jahr 2021 steigen. Dann brauchen wir – den zusätzlichen Expansionsbedarf eingerechnet – ab 2016 rund 112.000 und ab 2021 etwa 120.000 MINT-Akademiker im Jahr als Neueinsteiger.

Wie bewerten Sie das Thema Fachkräftemangel?
Der Fachkräftemangel vor allem im MINT-Bereich bleibt beherrschendes Thema und er wird von den Unternehmen als Gefahr für die Entwicklung gesehen. Zur Linderung müssen alle Potenziale ausgeschöpft, mehr Frauen für die technischen Studiengänge gewonnen und ihnen mit entsprechenden Arbeitsbedingungen die Berufstätigkeit erleichtert werden. Ältere Mitarbeiter müssen länger gehalten werden. Darin stecken Herausforderungen für die Qualifizierung und für die Gesundheitsvorsorge. Wir müssen die Anwerbung ausländischer Fachkräfte in Mangelberufen weiter erleichtern. Hier ist ein zentraler Faktor die Verbesserung der Willkommens-Kultur in unserem Land. Natürlich werden auch die Unternehmen künftig noch stärker ihre eigenen Mitarbeiterpotenziale überprüfen und fördern.

Ende 2012 meldete die Bundesagentur für Arbeit (BA), die Nachfrage nach Arbeitskräften sei rückläufig, liege aber nach wie vor auf hohem Niveau. Besonders gesucht waren Fachleute im Bereich Metall: Ein Signal nach dem Tief in 2010. Allerdings kühlte sich das Geschäftsklima auch in dieser Branche ab und beendete im Herbst 2012 das Wachstum der Beschäftigung. Deren Zahl sank September 2012 gegenüber dem Vormonat – zum ersten Mal wieder seit März 2010. Doch von März 2010 bis September 2012 zählten die Metall- und Elektrotechnik (M+E)-Unternehmen immerhin 258.000 Neueinstellungen. Die BA zählte im November 2012 in M+E-Berufen 180.000 Arbeitslose, 17.900 mehr als im Vorjahresmonat. Andererseits waren 96.600 offene Stellen gemeldet. Durch die Krise hatte die M+E-Industrie 231.000 Arbeitsplätze verloren, „was wenig war in Relation zur gewaltigen Tiefe des Produktionseinbruchs", so der Arbeitgeberverband Gesamtmetall.

Ausblick: Mit knapp 3,7 Millionen Mitarbeitern ist die Branche ein Schwergewicht – das allerdings den Fachkräftemangel fürchtet. Hochqualifizierte wie Uni-Absolventen nehmen hierbei eine Schlüsselposition ein.

4.11 Nahrungs- und Genussmittel

Laut Bundesvereinigung der Deutschen Ernährungsindustrie (BVE) machen 550.000 Beschäftigte (2011) die Lebensmittelindustrie zur viertgrößten Industriebranche in Deutschland. Der Umsatz lag bei rund 150 Milliarden €. Etwa ein Viertel entfällt auf Fleisch und Fleischprodukte. Milch und Milchprodukte nehmen den zweiten Rang ein, vor Backwaren, alkoholischen Getränken und Süßwaren. Wachsenden Stellenwert bekommen Functional-, Light- und Bio-Produkte. Der Export trägt 29 Prozent zum Umsatz bei. Allerdings ging im Herbst 2012 die Nachfrage aus dem Ausland zurück.

Augenfällig sind zwar die großen Konzerne wie Kraft Foods (Jacobs, Milka, Tassimo, Philadelphia) oder Mars (Snickers, Bounty, Whiskas), Nestlé (Alete, Herta, Maggi, Nescafé, Thomy) oder Unilever (Bertolli, Knorr, Langnese, Laetta, Pfanni). Doch neben diesen Giganten agiert eine Vielzahl mittelständischer Unternehmen am Markt. Knapp 5.900 Betriebe zählen zur Branche, etwa 90 Prozent der Betriebe, die Lebensmittel produzieren, sind kleine und mittelständische Unternehmen mit weniger als 250 Mitarbeitern. Hier wie dort wächst mit der Automatisierung auch der Bedarf an akademischen Fachkräften. Allerdings sind sie mit nur fünf Prozent unterdurchschnittlich vertreten.

Ausblick: Die Ernährungsindustrie ist Teil einer Wertschöpfungskette, die unterschiedliche Berufe kennt. Die Kette beginnt bei Erzeugern, beim deutschen Schweinezüchter ebenso wie beim kubanischen Zuckerpflanzer, und endet beim Handel oder in der Gastronomie. Entsprechend unterschiedlich sind die Disziplinen am Ende der Kette: Wirtschaftswissenschaftler, Wirtschaftsingenieure, Lebensmitteltechnologen, Ökotrophologen, Maschinenbauingenieure, Lebensmittelchemiker, IT- und Logistik-Experten können in der Branche Jobs finden.

4.12 Öffentlicher Dienst

INTERVIEW:

Drei Fragen an **Cornelia Rogall-Grothe**, Staatssekretärin im Bundesministerium des Innern und Beauftragte der Bundesregierung für Informationstechnik, Berlin

„Modernisierung und demografischer Wandel sind unsere Treiber."

Wie bewerten Sie die Lage der öffentlichen Haushalte und den Arbeitsmarkt „Öffentlicher Dienst" mit Blick auf 2013/2014?

Die Lage ist nicht einfach, auch wenn die Bundesregierung mit ihrem Kurs einer wachstumsfreundlichen Haushaltskonsolidierung insgesamt auf einem guten Weg ist. Die schwierige Haushaltslage hat sich auch auf die Zahl der Neueinstellungen ausgewirkt. Allein seit 2010 sind im öffentlichen Dienst des Bundes 10.000 Stellen dauerhaft weggefallen. Der öffentliche Dienst hat damit einen deutlichen Beitrag zur Haushaltskonsolidierung geleistet. Eine weitere Aufgabenverdichtung ist kaum mehr möglich. Deshalb verzichten wir ab 2013 auf die Weiterführung der jährlichen pauschalen Stelleneinsparung. Unabhängig davon werden wir angesichts des demografischen Wandels auch weitere Mittel und Wege finden müssen, um die Attraktivität des öffentlichen Dienstes als Arbeitgeber zu steigern, um qualifizierte Fach- und Nachwuchskräfte wie Juristen, Wirtschafts-, Natur- und Sozialwissenschaftler, Informatiker und andere für uns zu gewinnen.

Welche Schwerpunkte werden Treiber des Arbeitsmarktes sein?

Die Entwicklung des öffentlichen Dienstes werden in den nächsten Jahren vor allem zwei Dinge prägen: der demografische Wandel und die Modernisierung der Bundesverwaltung. Gute Beschäftigungsbedingungen mit konkreten Entwicklungsperspektiven und flexible Arbeitszeitmodelle, die sich am Bedarf des einzelnen Mitarbeiters orientieren, werden für den öffentlichen Dienst im Wettbewerb mit privaten Arbeitgebern um qualifizierte Arbeitskräfte der Schlüssel zum Erfolg sein.

Wie geht das Bundesinnenministerium vor?
Allein im Bundesinnenministerium haben wir schon heute über 100 verschiedene Arbeitszeitmodelle, die wir vorrangig wegen der Wahrnehmung familiärer Verpflichtungen von der Kinderbetreuung bis zur Pflege von Angehörigen anbieten. Und die technische Entwicklung wird uns helfen, weitere Modelle, etwa das mobile Arbeiten, zu entwickeln und mehr Flexibilität zu erproben. Darüber hinaus werden auch in der öffentlichen Verwaltung interkulturelle Kompetenzen weiter an Bedeutung gewinnen, weshalb wir auch den Anteil des Personals mit Migrationshintergrund erhöhen wollen. Und nicht zuletzt muss auch unsere Führungskultur stärker als bisher darauf ausgerichtet sein, dass sich die Beschäftigten für ihre Arbeit verantwortlich und motiviert fühlen und für ihre guten Leistungen auch Wertschätzung und Respekt erfahren. Dafür brauchen wir die richtigen Führungskräfte.

Im öffentlichen Dienst dominieren generell die Arbeitnehmer mit Beamtenstatus. Doch zu den öffentlich Bediensteten gehören auch angestellte Arbeitnehmer in Verwaltungen von Bund, Land und Kommunen wie beispielsweise Richter und Soldaten. Öffentliche Jobs finden sich nicht nur im Rathaus, sondern gleichfalls in Straßenbaubetrieben, Stadtwerken oder Krankenhäusern. Allerdings sinken die Staatsausgaben am Bruttoinlandsprodukt. Das hat Folgen: So sank von 1991 bis 2010 die Zahl der Staatsbediensteten um 1,6 Millionen, das sind über 30 Prozent. Knapp die Hälfte des Stellenabbaus folgte auf die (Teil-)Privatisierung von Bahn, Post oder Krankenhäusern. Die Bundeswehr rüstet um elf Prozent ab. Auf Bundesebene liegt der Rückgang bei 30 Prozent, im Land bei 25 Prozent, in den Gemeinden bei 38 Prozent. Heute arbeiten 4,6 Millionen Menschen oder rund 6,6 Prozent aller deutschen Einwohner im öffentlichen Dienst (2001: 4,8 Millionen). Im Europa-Vergleich ist das unterdurchschnittlich. Die Zahl steigt derzeit jedoch wieder leicht an, weil es neue Stellen an Universitäten, Schulen und Kindertagesstätten gibt. Der Zuwachs geht vornehmlich auf (Teil)-Zeitverträge zurück.

Wer sich für den Bereich des öffentlichen Dienstes interessiert, muss sich zwischen dem einfachen, dem mittleren, dem gehobenen und dem höheren Dienst entscheiden, wobei für den Letztgenannten ein geeignetes abgeschlossenes Studium Voraussetzung ist. Dies kann beispielsweise ein Jura-Studium oder ein Studium der Wirtschafts- oder Sozialwissenschaften sein. Auch ein Master-Abschluss, der an einer Fachhochschule erworben wurde, kann den Weg zum höheren Dienst öffnen. Allein mit einer Hochschulzugangsberechtigung ist nur der Zugang zum gehobenen nichttechnischen Dienst möglich.

Ausblick: Eine Studie des Beratungsunternehmens McKinsey zeigt Folgen des demografischen Wandels. Fast ein Viertel der Landesbediensteten ist älter als 55 Jahre, besonders in Amtsstuben von Bremen, Niedersachsen und Nordrhein-Westfalen. Der Nachwuchs fehlt. Nur geringe Sorgen haben Justiz und Universitäten. Aber die technisch-naturwissenschaftlichen Absolventen zieht es meist auf Grund besserer Verdienstmöglichkeiten in die freie Wirtschaft. Dennoch bleibt der Staatsdienst vor dem Hintergrund einer gewissen Absicherung interessant. Eine Studie des Beamtenbundes aus 2011 befragte junge Leute: 61 Prozent konnten sich eine Laufbahn beim Staat vorstellen. Als wichtigsten Grund nannten 84 Prozent: „Sicherheit des Arbeitsplatzes".

4.13 Pharmaindustrie

INTERVIEW:

Drei Fragen an **Dr. Norbert Gerbsch**, stellvertretender Hauptgeschäftsführer, Bundesverband der Pharmazeutischen Industrie e.V., Berlin

„Krisenfeste Branche mit leistungsgerechten Gehältern"

Wie bewerten Sie den Arbeitsmarkt für Akademiker im Bereich Pharma?

Recht gut. Grundsätzlich ist der Arbeitsmarkt in der forschungsintensiven Pharmabranche immer in Bewegung und das bringt Chancen mit sich. Die Zahlen 2011 zeigen eine leichte Zunahme. Demnach wurden nach einer kurzen krisenbedingten Stagnation wieder mehr Menschen eingestellt. Derzeit gibt es in Deutschland rund 19.300 Beschäftigte in Forschung und Entwicklung, ein leichter Anstieg zum Vorjahr.

Wie fällt Ihre Sicht auf den Arbeitsmarkt von morgen aus?

Der Arbeitsmarkt Pharmaindustrie ist im Unterschied zu anderen Branchen eher krisenfest. Das liegt daran, dass bei uns langfristig investiert und dynamisch gearbeitet wird. Ständig ist man auf der Suche nach neuen Wirkstoffen und Therapieoptionen. Da Forschung vom Know-how lebt, werden auch in Zukunft kluge Köpfe gesucht, insbesondere Naturwissenschaftler, ebenso Ingenieure, BWLer und Juristen. Aber auch Geisteswissenschaftler sind gefragt, etwa im Marketing und in der Öffentlichkeitsarbeit. Dass die Unternehmen auf Innovationen und Fortschritt setzen, sieht man an den Investitionen dafür. Wurden 2010 noch rund 3,7 Milliarden € intern aufgewendet, waren es 2011 bereits 3,9 Milliarden. Überhaupt hat die Gesundheitswirtschaft Zukunft, sie wächst nicht zuletzt aufgrund des demographischen Wandels und längerer Lebenserwartung überdurchschnittlich. Trotz zunehmender Abwanderung von Produktion aus Deutschland gibt es auch in fünf bis zehn Jahren gute Jobaussichten. Gerade in diesem Wirtschaftszweig zeigt der demographische Wandel sein doppeltes Gesicht: Einerseits entsteht mit steigendem Lebensalter mehr Bedarf an Gesundheitsleistungen, andererseits gibt es weniger Nachwuchs. Nachwuchssorgen aber halten sich in Grenzen. Das mag auch daran liegen, dass die pharmazeutische Industrie ein beliebter Arbeitgeber ist, nicht zuletzt aufgrund der vielseitigen Aufgaben, der Internationalität und der leistungsgerechten Gehälter.

Welche Schwerpunkte werden Treiber des Arbeitsmarktes sein?

Die Biotechnologie ist ein Zugpferd. Unsere BPI-Pharmadaten zeigen, dass sich Biotech dynamisch entwickelt, hier stieg der Umsatz von 2010 auf 2011 um zehn Prozent auf über eine Milliarde €. In solchen Märkten entstehen zusätzliche Arbeitsplätze. Generell müssen Bewerber in der exportorientierten Pharmabranche oft damit rechnen, außerhalb Deutschlands eingesetzt zu werden. Am Standort Deutschland selbst führt eine für uns eher negative Entwicklung dazu, dass immer mehr Fachspezialisten benötigt werden: die zunehmende staatliche Regulierung. Wer heute ein Medikament zur Zulassung und auf den Markt bringen will, muss aufgrund von staatlichen Regularien immer mehr Geld und Zeit investieren. Wir brauchen automatisch mehr Personal, auch juristisch geschulte Mitarbeiter, die durch den Dschungel staatlicher Auflagen blicken und den besten Weg für das Unternehmen finden.

In der Bundesrepublik Deutschland agieren laut Daten des Bundesverbandes der Pharmazeutischen Industrie (BPI) 2012 knapp 900 pharmazeutische Unternehmen. Dazu gehören forschende Unternehmen, Unternehmen aus den Segmenten Generika, Biotechnologie, pflanzliche Arzneimittel, Homöopathie/Anthroposophie sowie Pharma-Dienstleister: Davon haben mehr als drei Viertel weniger als hundert Mitarbeiter. Nur 6,2 Prozent über 500, 16,9 Prozent 100 bis 499 Beschäftigte. Das Statistische Bundesamt zählt 240 Unternehmen mit mehr als 20 Mitarbeitern, dazu kommen 387 mit weniger als 20 Mitarbeitern. Die Branche ist heterogen. Sie ist einerseits geprägt durch mittelständische Firmen, andererseits durch Global Player. Fast zwei Drittel der 250 Mitgliedsunternehmen im Bundesverband der Pharmazeutischen Industrie waren 2012 inhabergeführt, hier sind 73.000 Menschen beschäftigt. Insgesamt sind es 105.435.

Rund 90 Prozent der BPI-Firmen sind sowohl im In- als auch im Ausland engagiert. Die größten Umsätze im Inland erzielen laut IMS Health jedoch die Schweizer Novartis und Roche. Bayer liegt als größter deutscher Pharmahersteller auf Rang sieben. Trotz internationaler Konkurrenz und nationaler Regulierung kann die Pharmabranche ihre Gesamtproduktion dank Export gegenüber 2010 um 0,2 Prozent auf 26,8 Milliarden € steigern.

Rund 303.000 Personen waren 2011 in Deutschland im Pharmahandel tätig. Davon bekleideten drei Viertel ihren Arbeitsplatz in Apotheken, wovon wiederum 60 Prozent in Teilzeit arbeiteten. Ein Viertel ist im Großhandel mit pharmazeutischen Erzeugnissen tätig, so das Statistische Bundesamt (Destatis) 2012.

Ausblick: Vor allem die Aussichten im Teilbereich Biotechnologie sind derzeit gut. Kathrin Rübberdt, Leiterin der Abteilung Biotechnologie der DECHEMA e.V., Frankfurt: „Wir erleben einen tiefgreifenden Wandel: Mittel- und langfristig wird die Wirtschaft statt auf Erdöl und Kohle viel stärker auf pflanzlicher Biomasse basieren. Das geht nicht ohne Biotechnologie. Pflanzliche Rohstoffe sind komplex, und um sie in passende Bausteine zu zerlegen, kommt Biotechnologie zum Einsatz. Das Gleiche gilt für den Aufbau neuer Stoffe. Die Kombination aus biotechnischen und chemischen Verfahren wird immer wichtiger. Hier werden Spezialisten für industrielle Biotechnologie gebraucht. Sie müssen sich mit biologischen Prozessen auskennen, aber auch mit Verfahrenstechnik und Chemie. Auch die sogenannte rote Biotechnologie, wo es um Entwicklung und Produktion pharmazeutischer Wirkstoffe geht, ist im Aufwind."

4.14 Textil- und Bekleidungsindustrie

Die deutsche Textil- und Bekleidungsindustrie ist die zweitgrößte Konsumgüterbranche Deutschlands. Sie beschäftigt über 120.000 Mitarbeiter im Inland. Hinzu kommen 280.000 Beschäftigten im Ausland. In dieser Zahl sind nicht die Arbeitskräfte von Betrieben enthalten, die nur im Auftrag deutscher Unternehmen produzieren. Denn: Heute stammen weniger als fünf Prozent der im Inland verkauften Bekleidung aus heimischer Herstellung. Motor dieser Entwicklung sind auch die Discounter, die dem Bekleidungseinzelhandel Marktanteile abgenommen haben.

Hier offenbart sich eine Folge des Strukturwandels: Er ist geprägt durch Produktionsrückgänge im Inland und Produktionsverlagerungen in das lohnkostengünstigere Ausland. So sank die Produktion in Deutschland zwischen 1991 und 2010 um 70 Prozent. Zwischen 1995 und 2005 sank die Zahl der Betriebe und Beschäftigten jeweils um knapp 50 Prozent. Von 2005 bis 2010 nahm sie um knapp ein Viertel weiter ab. Die Zeichen stehen jedoch auf Wachstum: plus drei Prozent für 2012. Dabei setzt sich ein Trend fort: Im Inland werden anspruchsvolle Textilien erzeugt. Sie erfordern zwar höhere Personalkosten, doch die zahlen sich aus. Stärkste Wachstumstreiber 2011 und 2012 sind Textilien, die in Hightech-Produkten weiterverarbeitet werden und die Hälfte des Branchenumsatzes ausmachen.

Technische Textilien

Ein Wachstumsfeld der Branche sind vor allem technische Textilien. Sie sind vielseitig: Transportbänder oder nano-beschichtete, schmutzabweisende Stoffe für Markisen. Matratzen und Teppiche verfügen über textile Techniken, die Schadstoffe in der Umgebungsluft (zum Beispiel Nikotin) absorbieren. Die Autowirtschaft braucht Sicherheitsgurte oder Cabrio-Dächer. Die Bauwirtschaft setzt textilbewehrten Beton ein und textile Dämmstoffe, die den Energieverbrauch reduzieren. Die Medizin nutzt beispielsweise antimikrobakterielle OP-Textilien für Wundverbände, die nicht mehr gewechselt werden müssen.

Ausblick: Der konventionelle Markt der Bekleidungsindustrie erscheint auf den ersten Blick weniger innovativ. Aber: Die Quote mit über 25 Prozent Innovationen ist indes sogar überdurchschnittlich groß. Die Jobs für Akademiker sind entsprechend „modern": Marketing, Design, Vertrieb, Controlling, Betriebssteuerung.

4.15 Touristik

Die Reisebranche gehört zu den Hidden Champions, was die öffentliche Kenntnis ihrer Arbeitsplätze angeht. Nach dem Handwerk ist die Reisebranche der größte Arbeitgeber in Deutschland. Tourismus schafft 2,9 Millionen Arbeitsplätze, das sind sieben Prozent der Erwerbstätigen, so die Studie „Wirtschaftsfaktor Tourismus" vom Bundesverband der Deutschen Tourismuswirtschaft (BTW), dem Bundesministerium für Wirtschaft und Technologie sowie dem Deutschen Institut für Wirtschaftsforschung. Zudem stellt die Branche mehr als 114.000 Ausbildungsplätze.

Die Studie bestätigt der Branche, ein „ökonomisches Schwergewicht und Jobmotor in Deutschland" zu sein, da sie sowohl bei Beschäftigung als auch Wertschöpfung vor klassischen Branchen liegt. Die Beiträge der Tourismuswirtschaft und des Baugewerbes zur Bruttowertschöpfung sind mit 4,4 und 4,3 Prozent ähnlich, Bankwirtschaft oder Kraftfahrzeug-Industrie erreichen 2,5 und 2,3 Prozent. Urlauber und Geschäftsreisende aus dem In- und Ausland gaben für Güter und Dienstleistungen fast 280 Milliarden € aus. Allein direkte Leistungen wie Flug- und Bahntickets oder Hotelbuchungen beliefen sich auf fast 100 Milliarden €.

INTERVIEW:

Zwei Fragen an **Prof. Armin Brysch**, Vorsitzender des Ausschusses Bildung im Deutschen ReiseVerband (DRV), Berlin.

„Kaufmännische und analytische Fähigkeiten werden an Bedeutung gewinnen."

Wie fällt Ihre Sicht auf den Arbeitsmarkt Tourismus von morgen aus?

Aufgrund der rückläufigen Schülerabgangszahlen nimmt die Anzahl der Bewerber auf dem Arbeitsmarkt insgesamt spürbar ab. Motivierte und engagierte Schülerinnen und Schüler haben daher gute Chancen auf einen Ausbildungsplatz in der Tourismusbranche oder einen Studienplatz im Tourismus. Klar ist: Die Deutschen sind Reiseweltmeister und werden auch in Zukunft gerne reisen. Der Bedarf an Nachwuchskräften für die Tourismusbranche wird daher weiter wachsen. Eine zentrale Voraussetzung für eine erfolgreiche Ausbildung im Tourismus ist, dass sich Nachwuchskräfte den sich ständig verändernden Herausforderungen stellen. So werden beispielsweise kaufmännische und analytische Fähigkeiten in allen Bereichen noch stärker nachgefragt werden.

Wie beurteilen Sie den Stellenwert akademischer Bildung für die Karriereperspektiven von Nachwuchskräften im Tourismus?

Die Arbeitsmöglichkeiten in der Reisebranche sind abwechslungsreich und höchst unterschiedlich. In Deutschland gibt es rund 10.000 Reisebüros, über 2.000 Reiseveranstalter und viele sogenannte Leistungsträger, dazu zählen unter anderem Reservierungssysteme, Mietwagenanbieter, Fluggesellschaften, Hotels und IT-Dienstleister, Tourismusämter oder Versicherungen. Die Anforderungen an die Mitarbeiter sind daher völlig unterschiedlich. Insbesondere für die Reisebüros ist eine akademische Ausbildung weit weniger wichtig. Vielmehr ist der praktisch ausgerichtete Ausbildungsberuf der Tourismuskaufleute von enormer Bedeutung. In größeren Unternehmen, in denen die Mitarbeiter auch strategische und Führungsaufgaben übernehmen, ist eine akademische Ausbildung in den meisten Fällen allerdings unerlässlich.

Ausblick: Immer wichtiger werden zwei Dinge, die sich auch auf den Arbeitsmarkt auswirken. Erstens: Geschäftsreisen. Allein in Deutschland machen sie ein Drittel aus. Zweitens: der demografische Wandel. Immer mehr „Best Ager" haben Zeit und Geld für Reisen. Der Boom des Kreuzfahrt-Tourismus ist ein Indiz.

4.16 Personal- und Unternehmensberatung

INTERVIEW:

Drei Fragen an **Wolfram Tröger**, stellvertretender Vorsitzender Fachverband Personalberatung im Bundesverband Deutscher Unternehmensberater, Bonn

„Akademisch geprägte Branche mit Nachwuchsbedarf"

Wie bewerten Sie 2012 den Arbeitsmarkt für Akademiker im Bereich Consulting?
Wir hatten in den ersten drei Quartalen 2012 eine gute Nachfrage der Klienten nach Beratungsleistungen. Hierdurch hatten Bewerber im Jahr 2012 sehr gute Jobperspektiven. Die im Moment leicht abflauende Konjunktur in Deutschland und damit verbundene schwächere Investitionsneigung der Unternehmen spüren wir jetzt aber auch im Consulting.

Wie fällt Ihre Sicht auf den Arbeitsmarkt von morgen aus?
Die Nachfrage der Beratungsgesellschaften nach qualifizierten Hochschulabsolventen – aber auch Professionals – bleibt hoch. Ein erfolgreiches Recruiting wird Wachstumstreiber Nummer 1 sein. Dabei gilt: Die Klienten sind in der Zusammenarbeit aufgeklärter als früher. Das liegt auch daran, dass viele selbst aus der Consultingbranche kommen und wissen, wie sie Berater einsetzen können. Auch die Ansprüche sind gestiegen: Klienten erwarten Berater, mit denen sie in Sachen Branchen- und Berufserfahrung auf Augenhöhe agieren können. Das heißt im Umkehrschluss aber nicht, dass Berater mit wenig Erfahrung keine Chancen haben. Im Gegenteil: Klienten benötigen die Lösungskompetenz erfahrener Consultants. Aber sie brauchen auch die frische wissenschaftliche Sichtweise und das Engagement junger Berater. Das unkonventionelle Denken und die Fähigkeit, Dinge aus einer anderen Perspektive zu beleuchten, sind ein großes Plus, das Einsteiger mitbringen.

Welche Schwerpunkte werden Treiber des akademischen Arbeitsmarktes sein?
Im Zuge der Globalisierung der Anforderungsprofile und steigender Auslandsaktivitäten werden mehrheitlich Akademiker-Profile ausgeschrieben. Die zunehmende Komplexität der Aufgaben und internationale, teils virtuelle Teamstrukturen verstärken diese Tendenz. Funktionen – in Controlling, Qualität, Lean Management oder Unternehmensentwicklung, die unter dem Sammelbegriff Stabsaufgaben und Unternehmenssteuerung gefasst werden – sind sehr akademisch geprägt. Ein weiterer Treiber ist die theoretische Anforderung an Aufgabenstellungen in Entwicklung, Engineering und Produktion/Steuerung.

Wenn Unternehmen trotz Krise expandieren, dann auch mit Unterstützung der Consultants, so die Marktstudie „Facts & Figures zum Beratermarkt 2011/2012" vom Bundesverband Deutscher Unternehmensberater. Der BDU bilanziert: 2011 stieg der Umsatz erstmalig über 20 Milliarden € (plus 9,5 Prozent im Vergleich zum Vorjahr). Wachstum 2012: sieben Prozent. Politische, technische aber auch finanzpolitische Entwicklungen wie die Energiewende oder Euro-Krise erzeugen Beratungsbedarf. Den höchsten Zuwachs verzeichneten Beratungsleistungen rund um das Thema Nachhaltigkeit. 2011 arbeiteten in Deutschland mehr als 91.000 Unternehmensberater (plus 4,4 Prozent) in rund 14.100 Beratungsfirmen. Insgesamt waren 2011 rund 113.000 Mitarbeiter in der Consultingbranche beschäftigt.

Im Personalberatungssegment arbeiteten knapp 5.500 Personalberater (plus vier Prozent) in rund 2.000 Unternehmen. Insgesamt hatte die Branche 2010 rund 10.500 Mitarbeiter (inkl. Büropersonal). Sie vermittelten 2011 rund 48.800 (2010: 44.700) Fach- und Führungskräfte. Für 2012 erwarten sie indes eine Verlangsamung des Personalkarussells: Der Mangel an Fach- und Führungskräften wird zur Wachstumsbremse.

Der Arbeitsmarkt „Consulting" ist indes sehr heterogen. Neben US-Strategiehäusern wie McKinsey, Roland Berger, The Boston Consulting Group (BCG), Mercer Consulting und Booz Allen Hamilton sind mittelständische Spezialisten oft Hidden Champions. Aber auch sie begleiten Mittelständler bei der Expansion ins Ausland, gestalten Behörden effizienter oder lenken den Online-Vertrieb. Gefragt sind Qualifikationen, um Prozesse nicht nur strukturell zu erfassen, sondern zu verstehen und zu optimieren. Wirtschaftswissenschaftliches Wissen verbindet sich mit anderen Disziplinen, um Workflows strategisch zu sichten, gemischte Teams (auch über Generationen) aufzustellen und Expertise und „frisches Denken" einzubringen. Der Job bringt wenig Zeit fürs Private, aber hohe Gehälter selbst für Hochschulabsolventen (40.000 bis 58.000 €).

Ausblick: Wolfram Tröger nennt ein wichtiges Auswahlkriterium für Arbeitgeber: Bewerber sollten weit einsetzbar sein – und daher „Flexibilität und Potenzial für Weiterbildung und Umschulung für andere Aufgabenstellungen und Querschnittstechnologien" zeigen.

4.17 Werbewirtschaft, PR und Marktforschung

Der Zentralverband der deutschen Werbewirtschaft (ZAW) schlussfolgert in der Herbstanalyse 2012, dass sich der Werbemarkt „neu erfindet". Der Grund: Er steht ebenso wie die Massenmedien vor einem durch die Digitalisierung getriebenen strukturellen Wandel. Dieser scheint die einst dominanten Massenmedien zu bedrohen und sie damit auch als Werbeplattformen herabzustufen. Noch allerdings fließt das Gros der Werbeeinnahmen in Zeitschriften/Zeitungen und TV ist das reichweitenstärkste Leitmedium. Aber: Es gibt sichere Anzeichen dafür, dass sich das Internet auch in der Werberelevanz weiter steigern wird.

Der ZAW bilanziert 2012 in der Herbstanalyse einen leichten Rückgang der Brutto-Investitionen in Werbung insgesamt (Honorare, Werbemittelproduktion, Medien-Schaltkosten) von 0,8 Prozent auf 29,68 Milliarden €. Für 2013 erwarten 14 Prozent der Agenturen steigende, 72 Prozent erwarten stabile Werbeetats. Auf der anderen, der Kundenseite, ist die Stimmung ähnlich: Laut Organisation Werbungtreibende im Markenverband (OWM) halten 83 Prozent der werbenden Unternehmen die Aussichten 2013 für „befriedigend"; immerhin zwei Drittel planen mehr oder gleich viel Werbung.

Zwei Drittel der Agenturen geben laut GWA-Herbstmonitor an, dass sie 2012 mehr Geld für Personal ausgegeben haben als 2011. 55 Prozent denkt an Neueinstellungen. Der Wert liegt niedriger als die Jahre zuvor. Doch vor zehn Jahren wollten sich nur sieben Prozent personell vergrößern und 70 Prozent planten Personalabbau.

Stellenangebote für Werbeberufe (erstes Halbjahr 2012)

Berufsbereich	2011	2012	Veränderung in %	Werbende Firmen		Werbeagenturen	Medien
				Warenhersteller	Dienstleister		
Marketing + Werbung	382	**382**	–	18	25	322	17
Mediaexperten	209	**245**	+17	3	12	125	105
Art-Director	232	**217**	–6	0	2	215	0
Texter	178	**168**	–6	0	2	165	1
Grafiker/Mediendesigner	173	**162**	–6	4	9	138	11
Kontakter	180	**118**	–34	3	3	110	2
Werbefachleute	101	**98**	–3	5	9	62	22
Auszubildende/Trainees	62	**91**	+45	0	2	81	8
Anzeigenfachleute	73	**70**	–4	1	4	4	61
Werbeproduktion	88	**58**	–34	0	3	53	2
Werbeleiter	10	**17**	+70	3	0	5	9
Schauwerber	10	**8**	–20	1	7	0	0
Sekretärin/Assistentin	5	**6**	+20	0	0	5	1
Geschäftsführer	14	**5**	–64	0	0	5	0
Marktforscher	0	**2**	–	0	0	2	0
Praktikanten	578	**525**	–9	0	0	487	38
Gesamt	**2.295**	**2.172**	**–5**	**116** (–29 %)		**1.779** (–5 %)	**277** (+10 %)

Quelle: AG EE-STAT (BMU)

Mit wachsender Bedeutung digitaler Medien als Werbeträger verwischt die Trennschärfe zwischen technischen und klassischen Werbeberufen, so der ZAW. Insgesamt hingen in Deutschland rund 914.000 Arbeitsplätze mit Markt-Kommunikation zusammen – im Kernbereich (Werbegestaltung, Werbeträger, Auftraggeber) 188.000 Beschäftigte, Zulieferbetriebe wie Druckereien oder Papierindustrie 163.000, Telefonmarketing 199.000 und Digitalwirtschaft 364.000.

Ausblick: Je stärker Werbe-Beratung, Etatbetreuung oder Mediaplanung ihre Effizienz nachweisen müssen, desto mehr ist wirtschaftswissenschaftliches Know-how gefragt. Der Nachweis von Werbewirkung und damit auch Effizienz ist für TV und Print in den nächsten Jahren die Mammut-Aufgabe. Hier haben sie gegenüber der Online-Branche Nachholbedarf, denn die hat es mit der Ausweisung von Klickzahlen und Performance-Modellen einfacher.

Gefragt sind daher insbesondere Markt- und Meinungsforscher, die die Erfolgschancen neuer, traditioneller und vernetzter Werbeformen ermitteln.

4.18 Wirtschaftsprüfung und Steuerberatung

Für Steuerberater und Wirtschaftsprüfer heißt es: Nach dem Examen ist vor der Prüfung. Wer Steuerberater oder Wirtschaftsprüfer werden will, muss (nochmals) die Schulbank drücken: Die berufliche Weiterbildung schließt mit bundeseinheitlicher Prüfung ab und verlangt ein vollendetes Hochschulstudium, im Idealfall der Wirtschaftswissenschaften. In der Regel erfolgen sie „on the job" und in Teilzeit, sodass sie bis zu zwei Jahre dauert. Zusätzlich ist Berufserfahrung im betriebswirtschaftlichen Bereich von etwa drei Jahren erforderlich. Erst dann erfolgt die Praxis für Experten im Steuerwesen und der Rechnungslegung. Für beide Berufe sind sowohl Privatpersonen als auch Firmen Zielgruppe für ihre Leistungen.

Wirtschaftsprüfungs- und Steuerberatungsgesellschaften sind dabei Gewinner der Finanzkrise. Neben den bisherigen Aufgabenbereichen ist ein neues Feld für die Experten entstanden, denn Finanzdienstleister wie Banken müssen nach dem Zusammenbruch der Märkte neue Regeln erfüllen und transparenter werden.

Big Player, Hidden Champions und Einzelkämpfer

Besonders beliebte Arbeitgeber sind die „Big Four" – die vier größten Wirtschaftsprüfergesellschaften weltweit: Deloitte & Touche (D&T), PricewaterhouseCoopers (PwC), Ernst & Young (E&Y) und KPMG. Die Mehrheit der börsennotierten Kapitalgesellschaften weltweit sind Mandanten der „Big Four". In Deutschland sind laut Handelsblatt 83 Prozent der 160 größten deutschen Aktiengesellschaften deren Kunden. Angesichts dieser Präsenz ist die Begehrlichkeit hoch. Alle vier Unternehmen waren im Herbst 2011 unter den TOP 5 der beliebtesten Arbeitgeber weltweit. Sie suchen mehrere hundert Einstellungs-Kandidaten pro Jahr.

Der Arbeitsmarkt für Wirtschaftsprüfer entwickelt sich insgesamt positiv. Die Nachfrage steigt, auch für Steuerberater. Arbeitslosigkeit ist fast kein Problem: Gerade 180 Personen mit dem Zielberuf Wirtschaftsprüfer waren im November 2011 deutschlandweit arbeitslos. Laut Statistik der Wirtschaftsprüferkammer gibt es in Deutschland rund 14.200 Wirtschaftsprüfer.

Auch wenn die Beliebtheit der Großen ungebrochen ist: Die zweite Reihe der Prüfungsgesellschaften, die sogenannten Second Tier-Gesellschaften, bieten ebenfalls Perspektiven. Sie fokussieren den Mittelstand. Hier punkten sie durch persönliche Kontakte zu Mandanten sowie Nähe und Preisvorteile.

Das Gleiche gilt für die steigende Zahl von selbstständigen Steuerberatern oder Wirtschaftsprüfern. Nur etwa jeder dritte Steuerberater ist angestellt. 52.000 deutsche Steuerberaterpraxen sind zu 70 Prozent Einzelpraxen. Die Mehrheit berät selbstständig in mittelständischen und kleinen Gesellschaften, die lokal oder regional ihre Mandanten pflegen. Viele von ihnen sind inhabergeführt.

Außerdem bietet das achte Steuerberatungsänderungsgesetz 2008 neue Chancen für den Berufsstand: Seitdem können Steuerberater auch bei nichtberufsständischen Arbeitgebern angestellt sein (zum Beispiel in der Steuerabteilung eines Unternehmens oder Verbandes) und als Syndikus wirken und themenbezogene Angelegenheiten des Unternehmens verantworten.

Ausblick: Der Beruf des Wirtschaftsprüfers ist attraktiv, sei es in Sozietäten oder als Selbstständiger. Der Weg dorthin über die berufsbegleitende Ausbildung ist nicht leicht: Laut Kammer fiel jeder zweite Kandidat 2010 durch. Aber es lohnt sich: Der Berufsstand ist vor allem vor dem Hintergrund immer wieder neuer komplexer Gesetze und Regelungen gefragt.

> **TIPP** Der Berufs- und Karriereplaner Steuerberater | Wirtschaftsprüfer aus dem Springer Gabler Verlag stellt übersichtlich die möglichen Ausbildungs- und Karrierewege mit allen Stufen und Profilen dar. Zuverlässige Insider-Tipps helfen künftigen Berufsträgern, die hohen Hürden in Ausbildung und Examen souverän zu nehmen. Mit vielen Interviews und Fachbeiträgen. Zu beziehen im Buchhandel oder über www.springer-gabler.de.
>
> Löffelholz | Hüsch | Ernst-Auch, Berufs- und Karriereplaner Steuerberater | Wirtschaftsprüfer. Perspektiven – Berufsbilder – Prüfungen – Expertentipps. 4. Auflage 2013, XIV, 296 Seiten. Br. 29,99 €. ISBN 978-3-658-01363-9.

springer-gabler.de

BÜCHER-STAPELN FÜR SIEGERTYPEN: JETZT DEN HIGHSCORE KNACKEN UND JEDEN MONAT TOLLE PREISE GEWINNEN.

Score: 500
Tiefstapler

Hoch- oder Tiefstapler?

Entdecken Sie Ihr Stapelpotential bei unserem neuen Facebook-Spiel

- In unserer Springer Gabler Bibliothek können Sie einmal nach Herzenslust hochstapeln. Bücher natürlich – was dachten Sie?

- Einziges Ziel: Möglichst viele Bücher auf den Chaos-Stapel schichten. Und natürlich wird das bei Springer Gabler entsprechend honoriert: Damit Sie den Sieg im Bücherstapeln stilvoll feiern können, verlosen wir attraktive Preise.

Einfach Losstapeln unter: facebook.com/SpringerGabler

Special Unternehmensberatung: gute Karriereaussichten
von *Elke Pohl*

Vor allem große Beratungsunternehmen wie KPMG, das in Deutschland an über 25 Standorten mit mehr als 8.600 Mitarbeitern agiert, betreiben neben Wirtschaftsprüfung und Steuerberatung auch Unternehmensberatung als weiteres Standbein. Doch nicht nur große, auch viele kleinere Unternehmen haben sich breit aufgestellt. Die Geschäftsfelder ergänzen sich hervorragend, da sie alle auf einer sehr genauen Kenntnis der Zahlen und Prozesse innerhalb eines Unternehmens beruhen. Dadurch und durch die konsequente Branchenspezialisierung können selbst bei sehr komplexen und vielschichtigen Fragen kompetente Antworten gegeben und Strategien auf mehreren Ebenen entwickelt werden. Ein Blick auf den Beratermarkt ist daher lohnend.

1. Die Branche

Die Consulting-Branche ist, was die Anzahl der Unternehmen betrifft, klein- und mittelständisch geprägt. Von den insgesamt am Markt operierenden 14.975 Unternehmen erzielten 2012 12.500 einen Jahresumsatz bis zu einer Million €, allein 8.000 davon kamen auf maximal 250.000 €. Damit erreichten diese Unternehmen einen Marktanteil von gut 23,6 Prozent des Gesamtumsatzes. Der größte Teil – mehr als 43 Prozent – entfällt dagegen auf die 75 Großunternehmen, die jeweils mehr als 45 Millionen Umsatz einbringen. In diesen Unternehmen sind mehr als 37.000 Mitarbeiter beschäftigt, darunter gut 31.000 Berater. In den Unternehmen bis zu einer Million € Umsatz fanden 2012 gut 38.000 Menschen Arbeit, darunter rund 30.300 Berater. Es sind also nicht nur die Top-Unternehmen, die sich als Arbeitgeber für künftige Berater anbieten, sondern ebenso die vielen kleinen und mittelständisch geprägten Beratungsgesellschaften. Gesucht werden sowohl berufserfahrene Seiteneinsteiger, die eine starke Beziehung zur Beratertätigkeit haben, als auch besonders gut qualifizierte Hochschulabsolventen.

Die Unternehmensberatungsbranche in Deutschland hat 2012 trotz anhaltender Staatsschulden- und Eurokrise die positive Umsatzentwicklung des Vorjahres fortsetzen können. Der Gesamtumsatz legte um 8,0 Prozent im Vergleich zu 2011 zu und betrug 22,3 Milliarden €, stellt die aktuelle Branchestudie „Facts & Figures zum Beratermarkt 2012/2013" des Bundesverbandes Deutscher Unternehmensberater (BDU) fest. Die Unternehmensberater führten 2012 im Auftrag ihrer Klienten aus Industrie, Wirtschaft und Verwaltung Projekte im Gesamtvolumen von 22,3 Milliarden € (2011: 20,6 Milliarden €) durch. Die Consultingbranche profitierte dabei stark von den widerstandsfähigen deutschen Unternehmen, die den Krisenszenarien in Europa trotzen konnten. Gute Exportzahlen in Verbindung mit einem stabilen Binnen- und Arbeitsmarkt haben erneut für ein günstiges Investitionsklima in deutschen Firmen gesorgt. Wichtige Klientenbranchen, wie der Maschinenbau oder die Automobilindustrie, verbesserten im Vergleich zum Vorjahr nochmals ihren Absatz. In vielen Branchen standen Beratungsprojekte im Vordergrund, in denen es um die gezielte Festigung oder Ausdehnung der Marktposition ging.

TOP 10 der Management-Beratungsunternehmen in Deutschland 2012

	Unternehmen	Umsatz in Deutschland in Mio. €	Umsatz in Deutschland in Mio. €	Mitarbeiterzahl in Deutschland	Mitarbeiterzahl in Deutschland
		2012	2011	2012	2011
1	McKinsey & Company Inc. Deutschland*	>600,0	>600,0	2.300	2.300
2	The Boston Consulting Group GmbH, Düsseldorf/München*	490,0	490,0	1.880	1.730
3	Roland Berger Strategy Consultants GmbH München*	445,0	420,0	1.250	1.210
4	KPMG AG WPG, Berlin	403,0	320,0	2.150	1.850
5	Pricewaterhouse Coopers AG WPG, Frankfurt/M.	315,2	284,0	1.468	1.414
6	Accenture GmbH, Kronberg*	296,0	259,0	825	760
7	Oliver Wyman Group, München*	280,0	265,0	730	700
8	Deloitte Consulting GmbH, Hannover	275,0	258,0	1.406	1.260
9	Booz & Company GmbH, Düsseldorf*	262,0	256,0	600	575
10	Bain & Company Germany Inc., Düsseldorf	256,0	242,0	600	550

Quelle: Lünendonk GmbH, Stand 16.05.2013
* Umsatz- und/oder Mitarbeiterzahlen teilweise geschätzt

Führende deutsche mittelständische Management-Beratungsunternehmen 2012

	Unternehmen	Umsatz in Deutschland in Mio. €	Umsatz in Deutschland in Mio. €	Mitarbeiterzahl in Deutschland	Mitarbeiterzahl in Deutschland
		2012	2011	2012	2011
1	Zeb/Rolfes.Schierenbeck. Associates GmbH, Münster		99,9	654	618
2	Simon, Kucher & Partners GmbH, Bonn*	80,0	76,7	360	333
3	Management Engineers GmbH & Co. KG Düsseldorf*	74,2	74,2	133	133

	Unternehmen	Umsatz in Deutschland in Mio. €	Umsatz in Deutschland in Mio. €	Mitarbeiterzahl in Deutschland	Mitarbeiterzahl in Deutschland
4	Horváth & Partners-Gruppe), Stuttgart	73,8	61,5	275	262
5	d-fine GmbH, Frankfurt a. M.	68,1	56,6	375	322
6	Q_Perior AG, München	63,0	49,0	334	309
7	Kienbaum Management Consultants GmbH, Gummersbach*	61,0	57,5	235	235
8	KPS AG, München	60,3	50,0	147	111
9	Camelot Management Consultants Group, Mannheim	51,6	41,6	220	180
10	J&M Management Consulting AG, Mannheim	36,8	37,8	240	248

Quelle: Lünendonk GmbH, Stand 16.05.2013
* Umsatz- und/oder Mitarbeiterzahlen teilweise geschätzt

Viele Konzerne, aber auch Unternehmen aus dem Mittelstand, haben den guten Konjunkturverlauf in Deutschland mit vielfach vollen Auftragsbüchern strategisch genutzt, um mit gezielten Produkt- und Prozessinnovationen die Zukunftsfähigkeit zu sichern und Wettbewerbsvorteile auszubauen.

2. Beratungsfelder und Klienten

Die rasant verlaufende Globalisierung verlangt internationale Entwicklung und Kooperation. Zu einem der bedeutendsten Märkte weltweit werden sich nach BDU-Einschätzungen mit hoher Wahrscheinlichkeit die sogenannten Emerging Markets entwickeln, dynamische, aufstrebende Länder. In den Schwellenländern China oder Indien zum Beispiel wird wie in Bulgarien oder Rumänien zunehmend erstklassiger Beratungsbedarf notwendig, der in der Industrie genauso wie im öffentlichen Sektor, in der Dienstleistungsbranche oder in der Telekommunikation und Informationstechnologie besteht. Insgesamt stellt sich der Marktanteil der vier Beratungsfelder Strategieberatung, Organisations- und Prozessberatung, IT-Beratung und Human-Resource-Beratung nach BDU-Studienergebnissen wie in der Grafik auf Seite 68 dar.

Der BDU beobachtete, dass die wichtigsten Auftraggeber für die Unternehmensberater nach wie vor das verarbeitende Gewerbe und die Finanzdienstleister blieben mit steigender Tendenz. Kräftige Nachfrageimpulse gingen zudem vom Gesundheits- und Sozialwesen (+13,2 Prozent), von der Energie- und Wasserversorgung (+12,5 Prozent) sowie von der Chemie- und Pharmabranche (+11,2 Prozent) aus.

SPECIAL UNTERNEHMENSBERATUNG

Marktanteile nach Beratungsfeldern 2012/2013

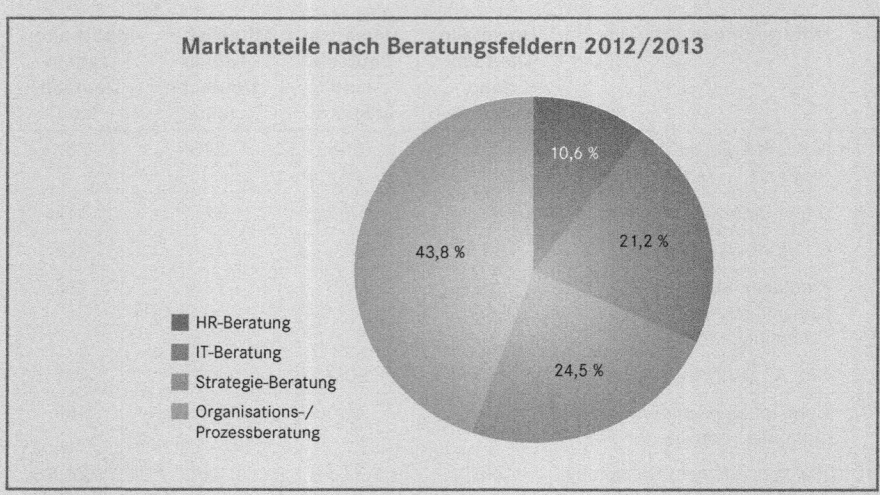

- HR-Beratung: 10,6 %
- IT-Beratung: 21,2 %
- Strategie-Beratung: 24,5 %
- Organisations-/Prozessberatung: 43,8 %

Quelle: BDU-Studie Facts & Figures zum Beratermarkt 2012/2013

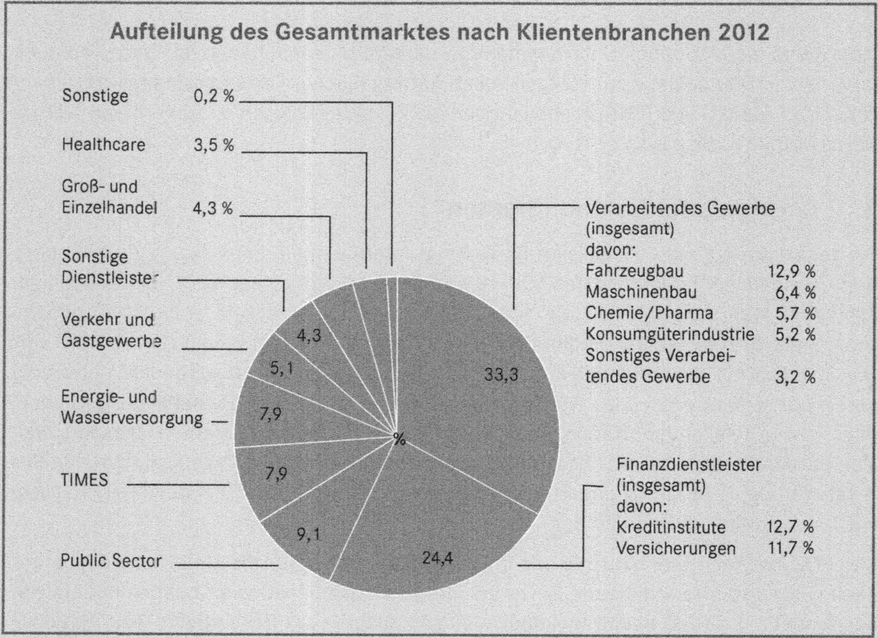

Aufteilung des Gesamtmarktes nach Klientenbranchen 2012

- Sonstige: 0,2 %
- Healthcare: 3,5 %
- Groß- und Einzelhandel: 4,3 %
- Sonstige Dienstleister: 4,3
- Verkehr und Gastgewerbe: 5,1
- Energie- und Wasserversorgung: 7,9
- TIMES: 7,9
- Public Sector: 9,1
- 24,4
- 33,3

Verarbeitendes Gewerbe (insgesamt) davon:
- Fahrzeugbau: 12,9 %
- Maschinenbau: 6,4 %
- Chemie/Pharma: 5,7 %
- Konsumgüterindustrie: 5,2 %
- Sonstiges Verarbeitendes Gewerbe: 3,2 %

Finanzdienstleister (insgesamt) davon:
- Kreditinstitute: 12,7 %
- Versicherungen: 11,7 %

Quelle: BDU-Studie Facts & Figures zum Beratermarkt 2012/2013

Im Trend: Inhouse-Consulting

Besonders rasant wächst der Markt für **Inhouse-Consulting**. Diese Alternative zur externen Unternehmensberatung entstand Mitte der 1990er Jahre und besteht aus internen Einheiten, die Beratungsdienstleistungen für das eigene Unternehmen erbringen. Inhouse Consulting deckt in der Regel alle klassischen Beratungsfelder ab, vor allem Optimierung von Unternehmensstrategien, Geschäftsprozessen sowie der Aufbau- und Ablauforganisation. Veränderungsmanagement und Organisationsentwicklung spielen aufgrund des hohen Restrukturierungsbedarfs eine besondere Rolle. Im Jahr 2012 stieg der Umsatz interner Beratungen um durchschnittlich 17,9 Prozent, berichtet das Inhouse Consulting Network, das den Austausch zwischen den Beratungseinheiten fördert. Der Gesamtmarkt für Unternehmensberatungen wuchs hingegen nur um 8,0 Prozent. Ebenso wie der Umsatz wächst auch die Mitarbeiterzahl: In den vergangenen fünf Jahren ist die Anzahl der Berater des Netzwerkes um durchschnittlich 28 Prozent auf derzeit rund 1.700 gestiegen. Auch 2012 gab es rund 400 Neueinstellungen. Gefragt sind sowohl herausragende Hochschulabsolventen und Young Professionals auch Berater mit Berufserfahrung.

Zu den großen Einheiten mit 120 Beratern weltweit gehört Bayer Business Consulting. Das Geschäftsfeld umfasst alle Bereiche moderner Managementberatung – von Fragen zur Steuerung von Post-Merger-Integratinen über Projekt- und Change-Management globaler Kundenprojekte bis hin zum Sustainability (Nachhaltigkeits-)Management. „Hierfür suchen wir Berufseinsteiger sowie beruflich erfahrene Mitarbeiter mit exzellentem Universitätsabschluss in Wirtschafts-, Ingenieur- oder Naturwissenschaften, ausgeprägten Soft-Skills sowie Begeisterungsfähigkeit in einem dynamischen Umfeld", betont Dr. Alexander Meyer auf der Heyde, Leiter von Bayer Business Consulting. Der Anteil der Beratungsaufträge, die die Mitgliedsunternehmen des Inhouse Consulting Networks an hauseigene Berater vergeben, liege mittlerweile im Durchschnitt bei einem Viertel – und sei damit doppelt so hoch wie noch 2009.

 Web-Link
Weitere Informationen sind im Internet auf www.inhouse-consulting.de zu finden.

3. Berufseinstieg

Ein gesetzlich fixiertes Berufsbild mit vorgeschriebenen Bildungswegen und förmlicher Berufszulassung existiert für die Unternehmensberatung nicht. Die BDU-Berufsgrundsätze für Unternehmensberater und Personalberater leisten eine berufsspezifische Orientierung. Daneben bedingt eine Reihe von Vorschriften aus unterschiedlichen Rechtsgebieten die Berufspraxis der Branche. Für Hochschulabsolventen mit einem überdurchschnittlichen Abschluss und ersten Praxiserfahrungen – gern im Ausland – bieten sich immer gute Ein- und Aufstiegschancen. Die gesuchten Studienrichtungen sind breit gestreut, je nachdem, welche Branchen das betreffende Beratungsunternehmen betreut. Neben wirtschaftswissenschaftlichen Abschlüssen, die in der Suche dominieren, haben daher vor allem auch Absolventen ingenieur- und naturwissenschaftlicher Studiengänge aller Arten gute Aussichten.

Beispiel McKinsey: Der weltweit führende Topmanagement-Berater zählt die Mehrzahl der 100 führenden Unternehmen zu seinen Kunden, berät aber auch den wachstumsstarken Mittelstand, viele führende Banken und Versicherungsgesellschaften, Regierungsstellen sowie private und öffentliche Institutionen. Strategie- und Organisationsstudien sowie die Themen Wachstum und Aufbau neuer Geschäfte machen rund die Hälfte der Arbeit aus. Weitere zentrale Arbeitsgebiete sind funktionsbezogene Projekte in Marketing und Vertrieb, Produktion und Logistik, Corporate Finance und Informationstechnologie. Für Bachelor-Absolventen bietet sich der Einstieg als Junior Fellow, der an konkreten Beratungsprojekten mitwirkt. Die weiteren Möglichkeiten sind lukrativ: Ein Junior Fellow arbeitet zunächst ein Jahr lang als Berater, das heißt als vollwertiges Teammitglied in einem Projekt bei Klienten im In- und Ausland. Danach hat man die Wahl: Entweder man kehrt an die Hochschule zurück und absolviert einen von McKinsey bezahlten Masterstudiengang, um danach als Fellow wieder einzusteigen. Oder man wechselt ins Fellowship-Programm und kann nach zwei weiteren Jahren als Berater einen MBA oder Doktorgrad erwerben – bei Fortzahlung des Gehalts für ein Jahr. Im Associate-Programm werden Hochschulabsolventen mit Promotion, MBA oder relevanter Berufserfahrung gezielt auf höhere Aufgaben vorbereitet. Schon nach kurzer Zeit besteht die Möglichkeit, Führungsverantwortung zu übernehmen.

Die Anforderungen an künftige Mitarbeiter sind hoch. Während eines Auswahltags werden die Kandidaten in Einzelinterviews gründlich getestet. Gute Karten hat, wer schon während des Studiums ein Praktikum absolviert hat. Praktikanten arbeiten acht bis zwölf Wochen in einem Beraterteam und sind dort für einen kleinen, klar abgegrenzten Teilaspekt eines Projekts verantwortlich. Jede Woche werden vier Tage vor Ort bei einem Klienten verbracht und ein Tag in dem McKinsey-Büro, für das man sich entschieden hat. Was die Studienrichtungen betrifft, ist McKinsey relativ offen. Etwa die Hälfte der Berater hat einen wirtschaftswissenschaftlichen Background, alle anderen kommen aus anderen Disziplinen. Wer keine wirtschaftswissenschaftliche Ausbildung hat – etwa Ingenieure oder Mediziner – erhält vorab ein sogenanntes Mini-MBA-Training. Der mehrwöchige Kurs vermittelt Grundlagen der Betriebswirtschaft und orientiert sich stark an den Lehrplänen der führenden Business Schools für MBAs. Daneben erhalten die Berater ohne wirtschaftswissenschaftlichen Background zusätzliche Trainings, die diese Kenntnisse weiter vertiefen.

Web-Link
Weitere Infos erhalten Sie unter www.mckinsey.de/html/karriere

Beispiel Zeb/Rolfes.Schierenbeck.Associates: Die mittelständische Beratungsfirma hat sich auf die Beratung von Financial Services spezialisiert. Zu den Kompetenzfelder gehören die Konzeption und Umsetzung aussagefähiger Ergebnisrechnungen, die notwendigen Instrumente zur Risikoquantifizierung und -beurteilung, die Verbesserung der Ablaufprozesse oder die Entwicklung einer schlagkräftigen Retailorganisation. zeb/ unterstützt Banken, Sparkassen, Versicherungsunternehmen und andere Finanzdienstleister seit Jahren erfolgreich bei der Bewältigung dieser Aufgaben. Gesucht werden ständig Absolventen der Studienrichtungen

- Wirtschaftswissenschaften
- Betriebswirtschaftslehre
- Volkswirtschaftslehre
- (Wirtschafts-)Informatik
- (Wirtschafts-)Mathematik
- Physik

Neben guten Abschlüssen wird vor allem Wert auf erste Erfahrungen bei Banken oder Beratungsunternehmen durch Ausbildung oder Praktika, Auslandserfahrung sowie gute Englischkenntnisse gelegt. Neu seit 2012 ist das zeb/bachelor.welcome-Programm für erstklassige Bachelor-Absolventen der Fachrichtungen Wirtschaftswissenschaften oder (Wirtschafts-)Informatik. Nach dem Bachelorabschluss sammeln Einsteiger für ein Jahr als Analyst Berufserfahrung in einer Competence Unit, um anschließend ein ein- bis zweijähriges Masterstudium in Vollzeit zu absolvieren. Nach dem erfolgreichen Masterabschluss steigt der Absolvent wieder ein und wird zum Management Consultant befördert. Während des Studiums gibt es ein begleitendes Seminarangebot, persönliches Mentoring durch erfahrene Berater und finanzielle Unterstützung.

Web-Link
Weitere Infos erhalten Sie unter www.zeb.de/de/karriere/index.htm

Beispiel Roland Berger Strategy Consultants: Die Stärken des Strategieberaters aus München sind Geschäftsanalysen in der individuellen Wettbewerbssituation des Kunden. Er nennt das Beratungsgespräch nicht Handwerk, sondern Kunst. Daraus leiten sich die hohen Ansprüche ab, die an die Berater gestellt werden. Sachlich korrekt, in höchstem Maße präzise und konsequent umgesetzt stellen die Beratungsdialoge höchste Anforderungen an die Mitarbeiter. Bei Roland Berger Strategy Consultants sind Hochschulabsolventen aller Fachrichtungen willkommen – Biologie, Informatik, Maschinenbau oder Wirtschaftswissenschaften. So verschieden der Studienabschluss sein kann, so kongruent ist, was das Unternehmen verlangt – Leidenschaft und betriebswirtschaftliche Neugier. Zugleich stellt es Fingerspitzengefühl für Alternativlösungen, viel Unternehmertum, reale betriebswirtschaftliche Sicht und gründliche Kreativität in den Vordergrund. Der Start in eine Beraterkarriere bei Roland Berger erfolgt nach sehr gut abgeschlossenem Bachelor, Master, Diplom, Staatsexamen oder Magister als Consulting Analyst bzw. als Junior Consultant. Wer promoviert hat, steigt in der Regel direkt als Consultant ein. Für MBA-Absolventen besteht nach dem ersten Jahr die Möglichkeit, das zwei- bis dreimonatige Summer-Associate-Programm in einem der Büros weltweit zu belegen. Die Besten erhalten vor Ort ein Angebot als Senior Consultant. Nach Auffassung von Roland Berger ist die Lernkurve der Berater genauso steil und schnell, wie die Karriere verläuft. Nach einem Jahr als Junior Consultant folgt in der Regel im zweiten Jahr der Consultant, im dritten und vierten Jahr der Senior Consultant mit dem Ziel, in weiteren Jahren als Project Manager und Principal nach acht, spätestens zehn Jahren eine Partnerschaft mit Roland Berger zu schließen. Die Beratertätigkeit wird von erstklassigen Weiterbildungsseminaren begleitet, die dem jeweiligen Ausbildungsstand angepasst sind. Daneben stehen spezielle Entwicklungs- und Förderprogramme für Master, Promotion oder das „Roland Berger Fellowship Program" für herausragende Senior Consultants an einer der weltweit führenden Universitäten auf dem Programm.

>< Web-Link
Weitere Infos erhalten Sie unter www.rolandberger.de/karriere_de

5 Existenzgründung

Die Gründung eines Unternehmens kann eine sinnvolle und lohnende Alternative zu einer abhängigen Beschäftigung sein. Gar nicht so selten machen sich bereits junge Leute während des Studiums nebenbei selbstständig, oft zusammen mit Kommilitonen. Der Vorteil dieser Selbstständigkeit kann darin bestehen, nach dem Studium in größerem Umfang starten zu können, weil wichtige Voraussetzungen für einen geschäftlichen Erfolg bereits vorhanden sind. Doch die Regel ist dies natürlich nicht. Die meisten Existenzgründer beginnen ihre berufliche Laufbahn in einem Unternehmen und sammeln dort wertvolle Erfahrungen in fachlicher und unternehmerischer Hinsicht. Früher oder später kann sich der Wunsch nach Selbstständigkeit ausprägen – im Folgenden seien einige Anregungen und Tipps zur Unternehmensgründung aufgezeigt.

5.1 Gründungstrends

Insgesamt kann der Weg in die Selbstständigkeit gegenwärtig holprig sein. Das jedenfalls stellte die Förderbank KfW in ihrem „**Gründungsmonitor 2013**" fest, in dem das Gründungsgeschehen des Jahres 2012 und dessen Ursachen beleuchtet werden. Demnach setzte sich der Rückgang der Gründungsaktivität fort: Im Jahr 2012 haben sich erneut weniger Menschen in Deutschland selbstständig gemacht (minus 7 Prozent gegenüber 2011). Mit 775.000 Gründern wurde der niedrigste Stand seit dem Start der Befragung im Jahr 2000 erreicht. Insbesondere die jüngsten Änderungen in der Existenzgründungsförderung durch die Bundesagentur für Arbeit (BA) war der Hauptgrund dafür. Auch im laufenden Jahr 2013 dürfte eine spürbare Belebung der Gründungsaktivität ausbleiben, stellen die Autoren des Monitors fest. Da Gründer ein wichtiger Faktor für den Beschäftigungsmarkt sind, ging durch den Rückgang der Gründerzahl der direkte Beschäftigungseffekt deutlich zurück: Von Neugründern wurden 2012 insgesamt 383.000 Vollzeitstellen geschaffen, was 14 Prozent weniger waren als 2011. Davon entfielen 212.000 Stellen für die Gründer im Vollerwerb selbst und 171.000 für angestellte Mitarbeiter.

Einen Lichtblick gibt es allerdings: 47 Prozent der Gründer im Jahr 2012 gegenüber 35 Prozent im Jahr davor gaben an, mit ihrem Gründungsprojekt eine explizite Geschäftsidee umzusetzen und damit bewusst eine Chance wahrzunehmen. „Chancengründungen versprechen auf Dauer nachhaltiger zu sein als andere Gründungen", sagt Dr. Zeuner, Chefvolkswirt der KfW Bankengruppe, anlässlich der Vorstellung der jährlichen, repräsentativen Analyse zum Gründergeschehen in Deutschland in Frankfurt am Main. Ein weiterer Trend betrifft Gründungen in Freien Berufen: Im Jahr 2012 ist der Anteil von Gründern in den **Freien Berufen** auf 39 Prozent gestiegen. 2011 waren es noch 36 Prozent. Vor allem im mittelfristigen Vergleich mit dem Jahr 2005 zeigt sich, dass sich hier tatsächlich der Schwerpunkt der Gründungen herauszubilden scheint. Während es damals lediglich 187.000 Starts in diesem Bereich gab, waren es 2012 schon 303.000. „Die bemerkenswerte Zunahme von Gründern mit beratenden und erzieherischen Tätigkeiten zeigt, wie das Angebot auf die veränderte Nachfrage einer Wissensökonomie reagiert", sagt Dr. Zeuner. Damit entwickeln sich die Freien Berufe gegen den Rückwärtstrend. Der ist unter anderem einer Reihe von **Hemmnissen** geschuldet. Die Mehrjahresanalyse zeigt, dass die Angst vor der Bürokratie, die Sorge um die Belastungen für die eigene Familie sowie das mit der Selbständigkeit verbundene finanzielle Risiko von mehr Vollerwerbsgründern als vor fünf Jahre problematisch gesehen werden. Dies geht einher mit einem höheren Anteil von Gründern, die über Finanzierungsschwierigkeiten berichten – im Voll- und im Nebenerwerb. Dabei gilt: Je höher der Finanzierungsbedarf ist, desto wahrscheinlicher werden Finanzierungsschwierigkeiten. Was das Einkommen von Gründern betrifft, liegt es durchschnittlich etwas höher als bei Arbeitnehmern, angesichts ihrer hohen Wochenstundenzahl von etwa 48 Stunden ist ihr rechnerischer Stundenlohn aber oftmals sehr niedrig. Die Selbstständigkeit zahlt sich dennoch für viele Gründer aus: Insgesamt hat sich für 42 Prozent der Gründer die Einkommenssituation ihres Haushaltsnettos verbessert. Nur 16 Prozent berichten von einer Verschlechterung.

5.2 Erste Schritte zur Orientierung

Wer den Gedanken an berufliche Selbstständigkeit ernsthaft erwägt, braucht zuallererst jede Menge **Informationen**. Die kann man sich im Internet etwa auf den Gründerseiten des Bundesministeriums für Wirtschaft und Technologie (BMWi) beschaffen, auf den Existenzgründerseiten der Länder wie des Hessischen Ministeriums für Wirtschaft, Verkehr und Landesentwicklung (www.existenzgruendung-hessen.de) oder des Bayerischen Staatsministeriums für Wirtschaft, Infrastruktur, Verkehr und Technologie (www.startup-in-bayern.de), bei der zuständigen Industrie- und Handelskammer oder auch auf den Seiten der KfW Mittelstandsbank.

> **Web-Link**
> Nähere Informationen unter: www.existenzgruendung-hessen.de und www.startup-in-bayern.de.

Auch Berufsverbände, Kammern und ähnliche Interessenvereinigungen bieten häufig Online-Informationen. Dort bekommt man auch gedrucktes Informationsmaterial oder kann persönliche Beratungstermine vereinbaren – je nachdem, welcher Typ man ist. Neben so grundlegenden Informationen zu Themen wie

- Businessplan,
- Finanzierung und Förderung,
- Recht und Steuern

sind hier auch spezielle Brancheninformationen erhältlich oder Tipps zum Weg durch den Behörden- und Anmeldungs-Dschungel.

Formen der Unternehmensgründung

Es gibt mehr Wege in die Selbstständigkeit als so mancher glaubt. Der klassische ist die **Neugründung**. Bei einer Neugründung startet man bei null, es bietet sich aber auch die einmalige Chance, ein Unternehmen nach den eigenen Vorstellungen aufzubauen. Gründliche Vorbereitung, eine überzeugende Geschäftsidee, ein durchdachter Businessplan und nicht zuletzt der Wille zum Erfolg sind dafür die wichtigsten Voraussetzungen.

Viele Probleme und Risiken können vermieden werden, wenn man ein fertiges Konzept kauft. Das System heißt **Franchising** und wird heute in vielen Branchen praktiziert. Beim Franchise-Verfahren liefert ein Unternehmen – der Franchise-Geber - Name, Marke, Know-how und Marketing. Gegen Gebühr räumt er dem Franchise-Nehmer das Recht ein, seine Waren und Dienstleistungen zu verkaufen. Er bietet dafür die Gewähr, dass kein anderer Franchise-Nehmer in seinem Gebiet einen Betrieb eröffnet. Nachteil: Ein Franchise-System legt die unternehmerische „Marschroute" sehr genau fest.

Bei einer **Unternehmensnachfolge** wird ein bestehendes und funktionierendes Unternehmen übernommen und weitergeführt. Geschäftsidee, Kunden und Lieferanten sind vorhanden, das Unternehmen ist am Markt etabliert, die Mitarbeiter sind eingearbeitet. Vom ersten Tag der Übernahme an kann Umsatz gemacht werden. Nachteil: Die Erwartungen an den neuen Chef sind hoch, ein langsames Hineinwachsen meist nicht möglich.

Teamgründungen sind bei jungen Leuten besonders beliebt, weil hier die Kompetenzen mehrerer Leute zum Tragen kommen und das Risiko auf mehrere Schultern verteilt wird. Zu viele Partner erschweren allerdings Entscheidungsprozesse.

Eine gute Möglichkeit mit vermindertem Risiko zu starten sind **Teilzeit- und Kleinstgründungen**. Üblicherweise sind die Gründer angestellt und haben noch andere Einnahmequellen, so dass die Neugründung nicht als Haupterwerb gewertet wird. Der Nebenerwerb muss mit dem Arbeitgeber abgestimmt sein und darf sich weder zeitlich noch inhaltlich mit dem Haupterwerb überschneiden.

Bin ich ein Unternehmer-Typ?

Über diese Frage muss im Vorfeld sehr ernsthaft nachgedacht und am besten mit anderen Menschen diskutiert werden. Neben sehr gutem fachlichem Wissen ist eine Reihe von Eigenschaften hilfreich, ohne die es wahrscheinlich sehr schwer fällt den hohen Anforderungen gerecht zu werden. Am besten ist es einen der Unternehmer-Tests zu absolvieren, die online etwa beim BMWi unter www.existenzgruender.de absolviert werden können. Folgende Eigenschaften sind unabdingbar:

- Ehrgeiz
- Einsatzbereitschaft
- Risikobereitschaft
- Belastbarkeit
- berufliche Qualifikationen

- Kreativität
- berufliche Erfahrung
- Verantwortungsbewusstsein
- Führungserfahrung
- familiäre Unterstützung

Nach einer Untersuchung der KfW Bankengruppe stehen die folgenden „Pleite-Ursachen" fast alle direkt oder indirekt mit der Gründer-Person in Verbindung:

- Finanzierungsmängel
- Informationsdefizite
- fehlende kaufmännische Kenntnisse
- Planungsmängel
- Familienprobleme
- Überschätzung der Leistungsfähigkeit des Betriebes

Gewerbe, Handwerk oder Freier Beruf?

Freie Berufe sind alle diejenigen, die zur Ausübung keine Gewerbeanmeldung benötigen. Eine einheitliche Definition gibt es nicht. Üblicherweise zählen zu den freien Berufen (Quelle: IHK Berlin):

- Ärzte
- Zahnärzte
- Rechtsanwälte
- Notare
- Patentanwälte
- Vermessungsingenieure
- Ingenieure
- Architekten
- Handelschemiker
- Wirtschaftsprüfer
- Steuerberater
- beratende Volks- und Betriebswirte
- vereidigte Buchprüfer (vereidigte Bücherrevisoren)
- Steuerbevollmächtigte
- Heilpraktiker
- Dentisten
- Krankengymnasten
- Journalisten
- Bildberichterstatter
- Dolmetscher
- Übersetzer
- Lotsen
- und ähnliche Berufe.

Gut unterschieden werden muss auch zwischen **Gewerbe- und Handwerksbetrieb**. Zum einen benötigen viele Gewerke einen Meister, um sich in die Handwerksrolle eintragen zu können. Ingenieure erfüllen meistens auch die Voraussetzungen dafür. Existenzgründer sollten sich vor Aufnahme einer handwerklichen Tätigkeit zudem genau informieren, ob diese Tätigkeit zulassungspflichtig, zulassungsfrei, handwerksähnlich oder möglicherweise überhaupt kein Handwerk, sondern ein Gewerbe aus dem Bereich Industrie, Handel oder Dienstleistung ist. Denn danach bestimmt sich am Ende auch, ob eine Zugehörigkeit zur Handwerkskammer, zur Industrie- und Handelskammer oder aber in Einzelfällen zu beiden Kammern (sog. Mischbetrieb) vorliegt.

5.3 Die Planung der Selbstständigkeit

Der Businessplan

Der Businessplan ist das Kernstück der Vorbereitung auf eine Unternehmensgründung. Er sollte selbst dann erstellt werden, wenn kein fremdes Geld benötigt wird. Er ist ein schriftliches, relativ umfassendes Unternehmenskonzept, das den Unternehmensgegenstand, die Produkte und relevanten Märkte sowie die Ziele und Strategien des Unternehmens prägnant und anschaulich beschreibt. Im Mittelpunkt der Betrachtung steht die **zukünftige Unternehmensentwicklung**. Sowohl die Potenziale als auch die Risiken müssen fester Bestandteil des Businessplans sein. Das Konzept sollte einen zeitlichen Horizont von drei bis fünf Jahren abdecken. Ohne einen professionell erstellten Businessplan sind erfolgreiche Verhandlungen mit Kapitalgebern kaum möglich. Sowohl den Inhalten und sprachlichen Formulierungen als auch der ansprechenden Aufbereitung und Gestaltung kommen daher höchste Bedeutung zu. Wer zum ersten Mal einen Businessplan erstellt, sollte sich Hilfe dafür sichern. In jedem Bundesland gibt es zahlreiche Stellen, die hier Unterstützung anbieten.

Beispiel Berlin:

- Online kann der Plan unter www.gruendungswerkstatt-berlin-brandenburg.de erarbeitet werden, bei Fragen hilft ein Tutor der IHK Berlin.
- Auf den Seiten des Businessplan-Wettbewerbs Berlin-Brandenburg (BPW) www.b-p-w.de findet sich umfängliches Informationsmaterial, darunter das Handbuch zum Businessplan zum kostenfreien Download.
- In Seminaren und Workshops kann man Wissen zur Gründung und zum Verfassen des Businessplans erwerben. In der Weiterbildungsdatenbank Berlin-Brandenburg auf www.wdb-berlin.de finden sich passende Angebote.
- Wer persönliche Hilfe benötigt, kann zur Beratersuche den Bundesverband der deutschen Unternehmensberater (www.bdu.de), die Steuerberaterkammer (www.stbk-**berlin**.de) oder auch die Beraterbörse der KfW (https://beraterboerse.kfw.de) nutzen.

Die Finanzierung des Vorhabens

Ebenfalls mehr als ein Augenmerk sollte auf die Finanzierung des Unternehmensstarts gelegt werden. In sehr vielen Fällen scheitern Gründungen, weil der finanzielle Rahmen zu eng kalkuliert wurde und Liquidität fehlt. Zunächst einmal muss sich jede Finanzierung immer am **Bedarf des Gründers und seines Vorhabens** orientieren. Folgende Fragen müssen geklärt werden:

- Handelt es sich um eine Kleingründung oder Nebenerwerbsgründung?
- Handelt es sich um eine Gründung im Handel oder im handwerklichen, industriell-gewerblichen oder im freiberuflichen Bereich?

- Kommt der Gründer aus der Forschung und will ein Hightech- oder Lifescience-Unternehmen gründen?
- Handelt es sich um eine Unternehmensnachfolge, bei der der Kaufpreis oder die Auszahlung an den bisherigen Eigentümer oder an die Erben mitfinanziert werden müssen?
- Soll das Unternehmen schnell wachsen und einen hohen Marktanteil in seinem Segment anstreben?
- Oder handelt es sich um eine freiberufliche Praxis, die nur langsam und in Maßen wachsen wird?

Die Höhe des Finanzbedarfs sollte weder zu knapp bemessen sein, um Durststrecken verkraften zu können, noch unnötige Anschaffungen beinhalten.

> **TIPP** Für den Start reicht es oft aus, nicht die allerneuesten, sondern gebrauchte oder gemietete Maschinen oder Büroausstattungen zu verwenden.

Trotz aller Einschränkung wird in vielen Fällen das **Eigenkapital** nicht ausreichen, um das Vorhaben komplett zu stemmen. Dann muss **Fremdkapital** beschafft werden, wofür allerdings in aller Regel ebenfalls der Einsatz eigener Mittel vorausgesetzt wird. Neben **öffentlichen Kapitalgebern**, also Bund und Länder, die vielseitige Programme zu günstigen Konditionen anbieten, um den besonderen Anforderungen von Existenzgründern und Unternehmern Rechnung zu tragen, bieten auch **Banken und Sparkassen** eigene Kredite für Existenzgründer an. Ein wichtiger Partner für kapitalintensive und schnell wachsende Unternehmen sind mittelständische Beteiligungsgesellschaften und privatwirtschaftliche Kapitalgeber: Venture Capital-Gesellschaften oder Business Angels. Auch stille Teilhaber kommen als Kapitalgeber in Frage.

Typische **Finanzierungsfehler** sind:

- zu wenig Eigenkapital
- keine rechtzeitigen Verhandlungen mit der Hausbank
- Verwendung des Kontokorrentkredits zur Finanzierung von Investitionen
- hohe Schulden bei Lieferanten
- mangelhafte Planung des Kapitalbedarfs
- öffentliche Finanzierungshilfen nicht beantragt bzw. deren Tilgung nicht berücksichtigt
- finanzielle Überlastung durch scheinbar günstige Kredite

Wichtiger staatlicher Finanzierungspartner ist die KfW. Auf www.kfw.de sind alle aktuellen Förderprogramme speziell für Gründer erklärt. Ein Online-Produktfinder unterstützt die Suche. Wer weitere Hilfe benötigt, kann telefonieren, eine Mail verschicken oder auch einen Beratungstermin bei bis zu drei potenziellen Finanzierungspartnern in der Umgebung des neuen Unternehmens stellen.

>< Web-Link
Nähere Informationen unter: www.kfw.de

Das **ERP-Kapital für Gründungen** fördert mit bis zu 500.000 Euro Kredit

- Investitionen
- Material- und Warenlager (in der Regel nur Erstausstattung)
- erste Messeteilnahme
- Kauf eines Unternehmens oder Unternehmensanteils

und ist derzeit für 0,85 Prozent Sollzins zu haben. 10 Prozent Eigenmittel sind erforderlich.

Der **ERP-Gründerkredit Startgeld** stellt bis zu 100.000 Euro Kredit bereit. Das Besondere: Da die KfW 80 Prozent des Kreditausfallrisikos von der Hausbank übernimmt, sind die Banken bei der Vergabe großzügig. Er ist ab 3,09 Prozent effektiver Jahreszins zu bekommen, Eigenmittel sind nicht erforderlich. Gefördert werden

- Investitionen
- Betriebsmittel (Mittel zur Gewährleistung des laufenden Betriebes)
- Kauf eines Unternehmens oder Unternehmensanteils

Wie beim ERP-Kapitel werden Existenzgründer (auch Freiberufler), Unternehmensnachfolger und junge Unternehmen bis zu drei Jahren ab Gründung gefördert.

Bis zu zehn Millionen Euro Kredit bietet der **ERP-Gründerkredit Universell** für die gleichen Zwecke wie **Startgeld**. Das Besondere: Er kann für Laufzeiten von bis zu 20 Jahre vereinbart werden und umfasst bis zu drei tilgungsfreie Anlaufjahre. Zudem ist er flexibel kombinierbar mit anderen Fördermitteln.

Das Bankgespräch

Um auf die unausbleiblichen Fragen des Bankberaters die richtigen Antworten zu haben, sollten lieber zu viele als zu wenige **Unterlagen** für das Gespräch vorbereitet werden. Wer sich vorher mit seinem Berater abstimmt, spart sich unnötige Arbeit. Vor allem wird der Businessplan eine Rolle spielen, bei Geschäftsübernahmen auch die Jahresabschlüsse der letzten drei Jahre, EKW-Abrechnung, Umsatz-, Kosten- und Ertragsplanung für das laufende und die kommenden ein bis drei Jahre, Liquiditätsplanung für die nächsten sechs bis zwölf Monate sowie die Investitions- und Kapitalbedarfsplanung. Ein zentrales Thema bei jeder Kreditverhandlung sind **Sicherheiten**. Wer selbst keine werthaltigen Sicherheiten stellen kann, hat die Möglichkeit einer Bürgschaft durch die Bürgschaftsbank des betreffenden Bundeslandes. Aber auch Sicherheiten in Form von Grundpfandrechten, Sicherungsübereignungen etwa von Fahrzeugen, Warenlägern u. ä. sowie Sicherungsabtretungen von Forderungen sind möglich.

> **TIPP** Was die Bank konkret bevorzugt, muss vorher abgeklärt werden.

Beim **Unternehmensrating** stellt die Bank fest, welche Risiken die Kreditvergabe für sie birgt und was diese kosten (würden). „Faustregel: Je besser also die Bonität eines Kunden ist und je mehr Sicherheiten vorhanden sind, desto geringer sind die Risikokosten für die

Bank und ist damit in der Regel auch der Kreditzins", fasst der Bundesverband Deutscher Banken in seiner Broschüre „Rating" zusammen. Verantwortlich für den Ratingprozess ist nicht der Berater, sondern sind interne Stellen der Bank, die in ihrer Beurteilung strengen gesetzlichen Anforderungen genügen und die Größe des Unternehmens sowie die konkreten Bedingungen der Branche berücksichtigen müssen.

ACHTUNG Auch die Zuverlässigkeit und Seriosität des Antragstellers etwa bei der Bereitstellung der nötigen Informationen beeinflusst das Rating! Daher lohnt es sich hier sehr kooperativ und exakt zu sein.

Web-Link
Die Broschüre „Rating" kann unter www.bankenverband.de bei „Publikationen" heruntergeladen werden.

Fragen des Bankberaters, mit denen man rechnen muss

- Welches Unternehmensziel verfolgen Sie?
- Haben Sie ein Alleinstellungsmerkmal, füllen Sie eine Marktlücke?
- Wie gestalten sich die Zukunftstrends Ihres Absatzmarktes?
- Welche Absatzkanäle haben Sie, welches Marketing verfolgen Sie?
- Welches Forderungsmanagement betreiben Sie?
- In welcher Höhe wollen/müssen Sie investieren oder umstrukturieren?
- Wie hoch werden die laufenden Kosten sein?
- Welche Eigenmittel stehen zur Verfügung?
- An welche öffentlichen Kredite und an welche Bankkredite hatten Sie gedacht?
- Welche Sicherheiten stehen Ihnen frei zur Verfügung?
- Mit welchen Planergebnissen rechnen Sie und warum in dieser Höhe?

Versicherungen für Existenzgründer

Die richtige private und betriebliche Absicherung gehört zu den Pflichten jedes Unternehmensgründers. Grundsätzlich darf hier nicht an wichtigen Policen gespart werden, weil sich das katastrophal auf Unternehmen und Gründer auswirken kann. Privat sind – neben weiteren Privatpolicen wie der Privathaftpflichtversicherung – eine Krankenversicherung erforderlich. Falls man nicht in der gesetzlichen Kasse bleiben kann, eine Berufsunfähigkeits-Versicherung sowie wünschenswerterweise eine Krankentagegeldversicherung. Diese sind darauf ausgerichtet, die Arbeitskraft des Firmeninhabers zu erhalten, wiederherzustellen bzw. einzuspringen, wenn sie dauerhaft nicht wiederhergestellt werden kann. Auf weiteren Schnickschnack kann verzichtet werden. Die Absicherung des Betriebes hängt maßgeblich vom Unternehmen ab. Ein globaler Rat kann hier nicht gegeben werden. Man sollte aber unbedingt den Rat eines unabhängigen Vermittlers suchen, also eines Versicherungsmaklers oder eines Versicherungsberaters. Von Selfmade-Lösungen ist in den meisten Fällen ebenso abzuraten wie von Online-Abschlüssen oder einem Versicherungsvertreter, der nur die Produkte eines Unternehmens anbietet.

Lassen Sie sich beraten!

Beratung ist in allen Phasen der Gründung wünschenswert und erforderlich. Manches kann der Steuerberater abdecken, auch IHK und KfW stehen Gründern zur Seite. Manchmal aber ist auch eine professionelle Unternehmensberatung sinnvoll. Vorteil: Beratungsleistungen für Gründer werden auf vielfältige Art gefördert, so dass man sich vor finanziellen Hürden nicht fürchten muss. Folgende Formen gibt es:

- Förderung durch das **Amt für Wirtschaft und Ausfuhrkontrolle** (BAFA): Das Programm unterstützt die Förderung unternehmerischen Know-hows für kleine und mittlere Unternehme sowie Freier Berufe durch Unternehmensberatungen. Mit dieser Beratungsförderung können Unternehmen sowie Angehörige der Freien Berufe, die seit mindestens einem Jahr am Markt tätig sind, einen Zuschuss von bis zu 1.500 Euro zu den Kosten erhalten, die ihnen durch die Inanspruchnahme einer Beratung entstehen (www.bafa.de).

- Das **Gründercoaching Deutschland** der KfW Bankengruppe übernimmt bei der Finanzierung eines Unternehmensberaters für bestimmte Coachingbereiche innerhalb der ersten fünf Jahre der Selbständigkeit bis zu 50 Prozent der Kosten (www.kfw.de).

- Der neue **Coaching Bonus** führt seit Anfang 2013 die vorherigen Coachingmöglichkeiten über das Technologie Coaching Center (TCC) für technologieorientierte, innovative Gründungen und Technologieunternehmen sowie über das Kreativ Coaching Center (KCC) für Gründer-Unternehmen in der Kreativwirtschaft zusammen (www.coachingbonus.de).

 Web-Link
Nähere Informationen unter: www.bafa.de, www.kfw.de und www.coachingbonus.de.

5.4 Der Start in die Selbstständigkeit

Wer ein Unternehmen gründet, muss vorher eine Reihe von Behörden darüber informieren. Für Gewerbebetriebe (siehe Abschnitt „Gewerbe, Handwerk oder Freier Beruf?") ist dies an erster Stelle das **Wirtschafts- oder Gewerbeamt** der Gemeinde, in dem sich das Unternehmen befindet. Eine Gewerbeanmeldung müssen auch nebenberuflich Selbstständige vornehmen. Keine Gewerbeanmeldung benötigen Freie Berufe (siehe Abschnitt „Gewerbe, Handwerk oder Freier Beruf?") sowie Betriebe der Land- und Forstwirtschaft. Durch die Gewerbeanmeldung werden folgende Stellen automatisch informiert:

- das Finanzamt
- die Berufsgenossenschaft
- das Statistische Landesamt
- die Handwerkskammer (bei Handwerkstätigkeiten)

- die Industrie- und Handelskammer
- das Handelsregistergericht (bei Rechtsformen, die im Handelsregister eingetragen werden)

Dennoch sollte man bei einigen dieser Stellen auch selbst nachfragen, ob alles seinen Gang geht. Vor allem mit dem Finanzamt ist nicht zu spaßen.

> **TIPP** Bei der Höhe der zu erwartenden Einkünfte, die angegeben werden müssen, sollte man eher vorsichtig sein, da damit die Einkommens- und Gewerbesteuer errechnet wird. Fällt sie zu hoch aus, kann das die angespannte Finanzlage noch verschärfen.

Bei der **Berufsgenossenschaft** müssen Mitarbeiter angemeldet werden, auch der Chef ist hier oft unfallversichert. Wenn nicht, kann man sich freiwillig versichern, was unbedingt angeraten ist. Wer Arbeitnehmer beschäftigt, benötigt eine Betriebsnummer vom Betriebsnummern-Service der **Bundesagentur für Arbeit** in Saarbrücken. Die Betriebsnummer ist in die Versicherungsnachweise Ihrer Arbeitnehmer einzutragen. Schließlich müssen die Mitarbeiter bei ihrer **Krankenkasse** angemeldet werden, damit die Beitragsabführung überwacht und abgeführte Beiträge dem einzelnen Versicherten zugeordnet werden können.

5.5 Existenzgründung aus der Arbeitslosigkeit heraus

Wer arbeitslos ist und ein Unternehmen gründen möchte, kann staatliche Hilfen in Anspruch nehmen.

ACHTUNG Die Existenzgründung wegen Arbeitslosigkeit ist nur der zweitbeste Weg. Nur wenn alle anderen Voraussetzungen erfüllt sind und die Motivation stimmt, stellt sich auch der Erfolg ein.

Die Arbeitsagentur kann zur Sicherung des Lebensunterhalts und zur sozialen Sicherung in der Zeit nach der Existenzgründung einen Gründungszuschuss gewähren, ein Rechtsanspruch darauf besteht nicht. Wer Geld bekommen möchte, muss sich mindestens 15 Stunden pro Woche der Selbstständigkeit widmen. Außerdem müssen die notwendigen Kenntnisse und Fähigkeiten zur Ausübung der selbständigen Tätigkeit dargelegt werden. Die Tragfähigkeit der Existenzgründung ist der Agentur für Arbeit in Form von Stellungnahmen einer IHK, Handwerkskammer, berufsständischen Kammer, eines Fachverbandes oder eines Kreditinstituts nachzuweisen. Der **Gründungszuschuss** wird in zwei Phasen geleistet. Für sechs Monate gibt es Geld in Höhe des zuletzt bezogenen Arbeitslosengeldes zur Sicherung des Lebensunterhalts und 300 Euro zur sozialen Absicherung. Für weitere neun Monate können 300 Euro monatlich gezahlt werden, wenn eine intensive Geschäftstätigkeit und hauptberufliche unternehmerische Aktivitäten dargelegt werden.

> **TIPP** Auch vom Gründercoaching Deutschland können Arbeitslose profitieren: Eine Fördervariante sieht vor, dass ehemals Arbeitslose innerhalb von einem Jahr nach Existenzgründung die Förderungen in Anspruch nehmen können, wenn sie einen Unternehmensberater konsultieren wollen. Die Zuschusshöhe zu den Beratungskosten beträgt 90 Prozent.

5.6 Checklisten und Entscheidungshilfen

Schritt 1: Die Entscheidung
Sind Sie ein Unternehmertyp?
Eine Reihe von einfachen Testfragen hilft Ihnen, in dieser Frage mehr Sicherheit zu gewinnen:

- Ist die Selbständigkeit wirklich der richtige Weg für Sie?
- Sind Sie fachlich qualifiziert?
- Haben Sie Erfahrungen in der Branche?
- Verfügen Sie über kaufmännisches Know-how?
- Steht Ihre Familie hinter Ihnen?
- Stehen Sie die Belastungen während der Startphase – und auch später – durch?

Lassen Sie sich beraten und gleichen Sie Schwächen aus.

- Besuchen Sie ein Gründungsseminar Ihrer Kammer oder Ihres Verbandes. Lassen Sie sich anschließend von einem Berater der Kammer oder des Verbandes, von einem freien Unternehmensberater oder anderen kompetenten Fachleuten helfen.

Klären Sie:

- Zu welchen Fragen brauchen Sie Beratung?
- Wer kann Ihnen je nach Fragestellung weiterhelfen?
- Was sollten Sie beim Abschluss von Beraterverträgen beachten?
- Informieren Sie sich über die Beratungsförderung des Bundes.

Schritt 2: Die Planung
Arbeiten Sie Ihre Geschäftsidee aus.

- Überlegen Sie, mit welchem Angebot Sie auf den Markt gehen möchten. Lernen Sie Ihre zukünftigen Kunden, ihre Bedürfnisse, ihre Neigungen, ihr Kaufverhalten kennen. Finden Sie möglichst etwas Besonderes, was die Konkurrenz bisher übersehen hat.
- Verschaffen Sie sich dafür auch einen Überblick über die Konkurrenzsituation, vor allem auch an dem Standort, den Sie wählen.
- Wollen Sie sich selbständig machen, haben aber noch keine zündende Geschäftsidee? Dann kommt für Sie vielleicht ein Franchiseunternehmen in Frage, das Sie als Lizenzunternehmer führen können.

- Oder Sie übernehmen ein bestehendes Unternehmen. Unternehmensnachfolger sind in jeder Branche und für jede Unternehmensgröße gefragt.

Schreiben Sie Ihren Businessplan.
- Erklären Sie Ihre Geschäftsidee bzw. Ihr Vorhaben.
- Stellen Sie die Gründerperson/-en dar.
- Beschreiben Sie Ihr Produkt bzw. Ihre Dienstleistung.
- Beschreiben Sie Ihre Kunden.
- Beschreiben Sie Ihre Konkurrenten.
- Beschreiben Sie Ihren Standort.
- Welche Lieferanten wollen Sie nutzen?
- Erläutern Sie Ihre Personalplanung.
- Zu welchem Preis wollen Sie Ihr Produkt bzw. Ihre Dienstleistung verkaufen?
- Welche Vertriebspartner werden Sie nutzen?
- Welche Kommunikations- und Werbemaßnahmen wollen Sie ergreifen?
- Welche Rechtsform haben Sie gewählt?
- Welche Chancen und Risiken hat Ihr Vorhaben?
- Wie hoch ist der Kapitalbedarf? Wie können Sie diesen Kapitalbedarf decken?

Denken Sie an Ihre persönliche Absicherung und die Ihrer Familie.
- Für beruflich Selbständige gibt es verschiedene Möglichkeiten, für Alter, Krankheit und Todesfall vorzusorgen.
- Wichtig ist, die Entscheidung für geeignete Versicherungen und Maßnahmen nicht auf die lange Bank zu schieben, sondern sich schon während des Gründungsprozesses beraten zu lassen.

Schritt 3: Der Finanzplan

Kalkulieren Sie das benötigte Startkapital.
- Wie groß ist Ihr Kapitalbedarf für die Gründung und die Startphase?
- Machen Sie eine Aufstellung aller kurz- und längerfristig relevanten Kostenpositionen.

Kalkulieren Sie Ihren Verdienst.
- Überlegen Sie, ob sich die Gründung einer selbständigen Existenz für Sie auszahlt.
- Lohnt sich der Aufwand?

Ermitteln Sie alle möglichen Finanzquellen.
- Wie viel Geld steht Ihnen selbst zur Verfügung? Wer könnte Ihnen privat Geld leihen?
- Wer würde sich an Ihrem Unternehmen beteiligen?
- Prüfen Sie die Angebote der Kreditinstitute und die vielfältigen Förderprogramme des Bundes, der Bundesländer und auch der Europäischen Union.

Schritt 4: Das Unternehmen

Erledigen Sie alle notwendigen Formalitäten.
- Bedenken Sie die Anforderungen von Behörden, Kammern, Berufsverbänden etc.
- Erkundigen Sie sich, für welche Vorhaben besondere Voraussetzungen und Nachweise, behördliche Zulassungen oder Genehmigungen erforderlich sind.

Sorgen Sie für das Finanzamt vor.
- Stellen Sie sich von Anfang an auf Ihre Pflichten gegenüber dem Finanzamt ein.

Denken Sie an die Risikovorsorge im Unternehmen.
- Kümmern Sie sich um ausreichende und geeignete Versicherungen für Ihr Unternehmen.
- Verschließen Sie nicht die Augen vor möglichen Risiken und Gefahren, sondern sorgen Sie mit den richtigen Maßnahmen vor.

Lassen Sie sich auch nach der Eröffnung weiter beraten.
- Nach dem Unternehmensstart kommen neue Aufgaben auf Sie zu. Lassen Sie sich vor allem zu finanziellen Belangen weiterberaten.
- Engagieren Sie im Zweifelsfall einen Unternehmensberater und nutzen Sie dafür entsprechende Fördermaßnahmen.

Quelle: „Roter Faden" für die Gründungsplanung des BMWi

> **TIPP** Informationen unter Existenzgründerportal des BMWi: www.existenzgruender.de

Über die Autoren

Dr. Hergen Riedel

ist seit 2001 freiberuflicher Autor für Bücher, Zeitungen und Zeitschriften sowie als PR-Berater und Presse-Sprecher tätig. Zuvor war er u. a. Leiter des Medien-Ressorts der Fachzeitschrift Text Intern, Redakteur der Wirtschaftszeitung New Business und Texter in zwei Werbeagenturen. Er beendete sein Studium der Publizistik, Germanistik, Politik und Soziologie an der Westfälischen Wilhelms Universität zu Münster mit einer anwendungsorientierten Dissertation zum Thema „Wie wirken Medien?". Kontakt: drhhriedel@aol.com, www.pressekontor-riedel.de

Ralf Wettlaufer

Dipl.-Kaufmann und M. A. für Geschichte und Englisch. Bis 2004 war er Cheflektor im Gabler Verlag, verantwortlich für Wirtschaftswissenschaften, Zeitschriften und die Entwicklung der Berufs- und Karriere-Planer. Seit 2004 lehrt er Wirtschaftswissenschaften und Englisch am Berufskolleg.

Dunja Reulein

studierte Betriebswirtschaftslehre (Abschluss Diplom-Kauffrau) in Erlangen-Nürnberg mit den Schwerpunkten Marketing, Auslandswissenschaft Englisch und Betriebs- und Wirtschaftspsychologie, danach Ausbildung zur Fachzeitschriftenredakteurin. Seit 14 Jahren ist sie für die unterschiedlichsten Verlage und Autoren als freiberufliche Lektorin tätig. Telefon: 089/74790531, E-Mail: dunjareulein@t-online.de.

Elke Pohl

startete ihre berufliche Karriere nach dem Journalistikstudium bei der Berliner Tageszeitung *Junge Welt*, wechselte dann als Redakteurin in die Lokalredaktion Bernau der heutigen *Märkischen Oderzeitung* und nach einigen Jahren in den damaligen Berliner Verlag Die Wirtschaft (heute Huss-Verlag). 1990 entstand das erste Ratgeberbuch *Rückkehr in den Beruf*. Nach einigen Jahren Presse- und Marketingtätigkeit – u. a. bei der Allianz Versicherung in Berlin – wechselte sie 1999 in die berufliche Selbstständigkeit mit den Schwerpunkt-Themen Beruf und Karriere sowie Verbraucherrecht. Seitdem verfasste sie etwa 25 Ratgeberbücher für verschiedene renommierte Verlage, arbeitete unter anderem regelmäßig an mehreren Hochschulmagazinen und am Internetportal www.studienwahl.de mit. Homepage: www.elke-pohl-medienservice.de

 springer-gabler.de

Im wechselhaften Wirtschaftsklima gesund und leistungsfähig bleiben

Maritta Mainka-Riedel
Stressmanagement – Stabil trotz Gegenwind
Wie Sie Ihren eigenen Weg zu gesunder Leistungsfähigkeit finden
2013, XIII, 240 S. 48 Abb.
€ (D) 29,99 | € (A) 20,55 | *sFr 25.00
ISBN 978-3-658-00930-4

Informationsflut, Konkurrenzkampf, Druck ausübende Chefs sowie immer knappere Deadlines: Im heutigen Arbeitsalltag gehören diese Zustände zur Tagesordnung. Die Anzahl der stressbedingten Krankheits-Symptome nimmt stetig zu. Das Burnout-Syndrom ist in aller Munde. Zu beneiden sind diejenigen, die es schaffen, Stress an sich abprallen zu lassen, körperlich und seelisch stabil und letztlich gesund zu bleiben.

Die erfahrene Anti-Stress-Trainerin Maritta Mainka-Riedel zeigt in diesem Buch u. a. neueste Ansätze aus Neurobiologie und Resilienzforschung auf. Sie bietet im Betriebsalltag erprobte Lösungsstrategien. Anhand von authentischen Beispielen beschreibt sie Tipps und Techniken aus der persönlichen Begleitung von Berufstätigen, die sich mehrfach und nachhaltig in der Praxis bewährt haben.

Dieses Buch hilft Ihnen dabei, Ihre persönlichen Stressoren zu erkennen und Stabilität zu entwickeln. Erlernen Sie eine neue Gelassenheit im Umgang mit den Herausforderungen, die Ihnen tagtäglich im Arbeitsleben begegnen. Erstellen Sie Ihre eigene Anti-Stress-Strategie und stärken Sie so Ihr Selbstvertrauen. Entdecken Sie neue Handlungsspielräume und gewinnen Sie mehr Lebensfreude, Erfolg und Zufriedenheit.

€ (D) sind gebundene Ladenpreise in Deutschland und enthalten 7% MwSt. € (A) sind gebundene Ladenpreise in Österreich und enthalten 10% MwSt. Die mit * gekennzeichneten Preise sind unverbindliche Preisempfehlungen und enthalten die landesübliche MwSt. Preisänderungen und Irrtümer vorbehalten.

Jetzt bestellen: springer-gabler.de

 springer-gabler.de

Die Traineestelle als Sprungbrett in die Führungsetage

Branko Woischwill,
Lukas große Klönne,
Stefan Rippler (Hrsg.)
Trainee-Knigge
Der Ratgeber für den
erfolgreichen Karriere-Start
2., aktualisierte Aufl. 2013.
XII, 163 S. Brosch.
€ (D) 21,99 | € (A) 22,61 | *sFr 27,50
ISBN 978-3-658-01798-9

Lebendig beschreibt dieser Ratgeber, was gute Trainee-Programme von schlechten unterscheidet. Als versierte Kenner der Trainee-Szene erläutern die Autoren die rechtlichen Rahmenbedingungen von Trainee-Programmen, verraten die Höhe der Trainee-Gehälter und zeigen, wie das Trainee Türöffner zum Traumjob wird. Ein Firmenverzeichnis bietet Erfahrungsberichte von aktuellen und ehemaligen Trainees, Interviews mit Personalern und Steckbriefe zu Trainee-Programmen großer deutscher Firmen.

Die 2. Auflage beinhaltet neue aufschlussreiche Tipps, Expertengespräche sowie weitere Trainee- und Personalerinterviews

€ (D) sind gebundene Ladenpreise in Deutschland und enthalten 7% MwSt. € (A) sind gebundene Ladenpreise in Österreich und enthalten 10% MwSt.
Die mit * gekennzeichneten Preise sind unverbindliche Preisempfehlungen und enthalten die landesübliche MwSt. Preisänderungen und Irrtümer vorbehalten.

Jetzt bestellen: springer-gabler.de

The manufacturer's authorised representative in the EU is Springer Nature Customer Service Centre GmbH, Europaplatz 3, 69115 Heidelberg, Germany. If you have any concerns regarding our products, please contact ProductSafety@springernature.com

Printed and bound by CPI Group (UK) Ltd, Croydon, CR0 4YY
23/03/2026
02076463-0003